머 리 말

바둑을 강하게 하는 비결은 없을까?

관심있는 바둑 팬이나, 바둑을 인생의 전부로 알고 있는 전문 기사라면 누구나 다 바둑을 강하게 하는 비결에 대해 지극한 흥미를 갖고 있을 것이다.

바둑은 천변만화하는 기묘한 승부의 세계인 만큼, 물론 바둑을 강하게 하는 비결은 의외로 많다.

그러나 과연 '어떻게' 하는 것이 가장 바둑을 빨리 익히고, 또 바둑의 기술을 효과적으로 운용하여 그 실력을 강하게 할 수 있는가?

중국의 천재 병법가(兵法家)의 한 사람인 제갈량은 팔진도(八陣圖)를 구사하여 변화무쌍한 용병술(用兵術)로 일세(一世)를 뒤흔들었다. 모든 병법(兵法)에서의 가장 기본적인 승리의 첫걸음은 포진(布陣)에 있다. 바둑도 마찬가지이다.

주춧돌이 정확하게, 제대로 놓아져야 집을 올바로 세울 수가 있다. 바둑에서의 기초 작업은 바로 포석(布石)이다. 포석에 능통하면 누구나 다 바둑의 도인(道人)이 될 수 있을 것이다.

이 책에서는 '단 3수(手)의 포석'으로 승리를 다지는 '비법'을 소개한다.

저 자 씀

프로바둑강좌 · 초급이상 ②

3수로 결판내는

포석비결

王座 加藤正夫 지음

프로바둑연구회 편

도서출판 眞話堂

차　　례*

제 1 편

포석은 간명하게 생각하라

본편에서는, 포석의 중심이 되는 최초의 단계인 돌 수의 많고 적음을 집중적으로 나타내 보았다. 포석에 비상한 관심을 가지고 있는가? 본편에서는 알기쉽게 두는 방법과, 그외의 많은 문제를 표시하여 간단히 두는 방법의 배석을 제 1로 하였다. 포석은 항상 전국을 보는 습관을 길러야 한다. 부분적인 수에서 전체를 보는 눈을 가져야 한다. 3수의 지적! 한 수와 3수가 관련이 있는가 연구하여 보자.

제 1 문—세대(世帶)

흑선

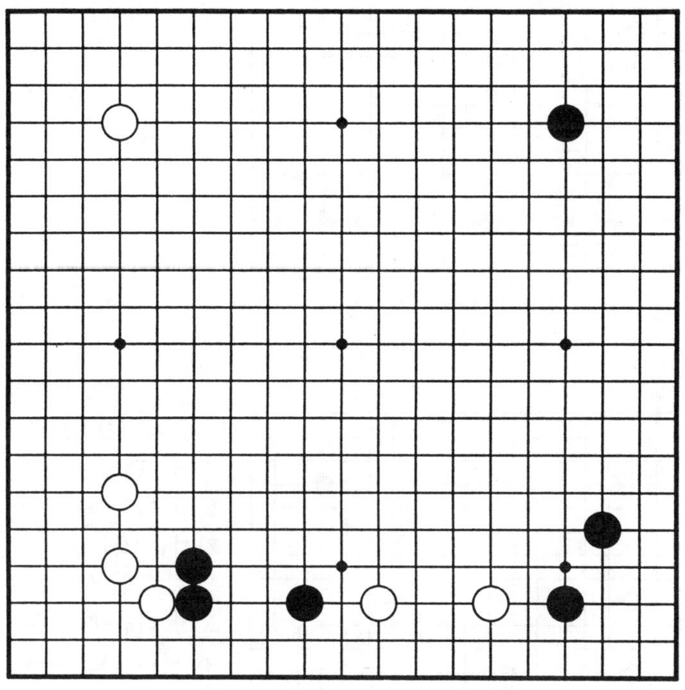

하변의 배석은 마무리가 되어 있는 형태. 지금 좌변을 두어야 하는데 흑은 어느 곳에 두어야 온당한 것인가.

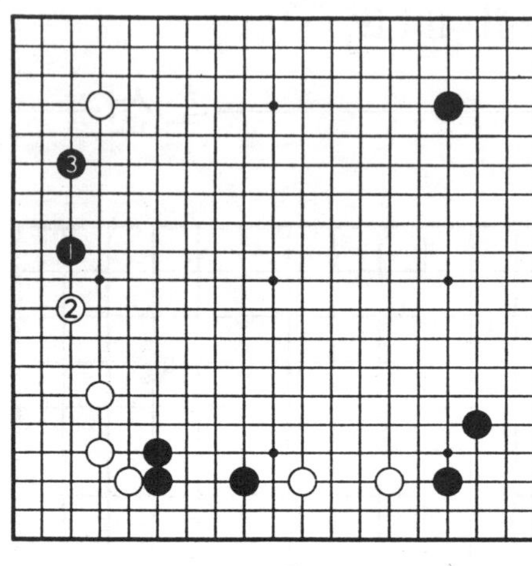

1도

해답 갈라치기

1도 (정해) 흑 1에 두어 2칸 벌림까지 맞보기가 된다. 바둑은 맞보기의 수로 많이 둔다. 백은 2의 곳에 바짝 다가선다. 흑 3의 벌림—.

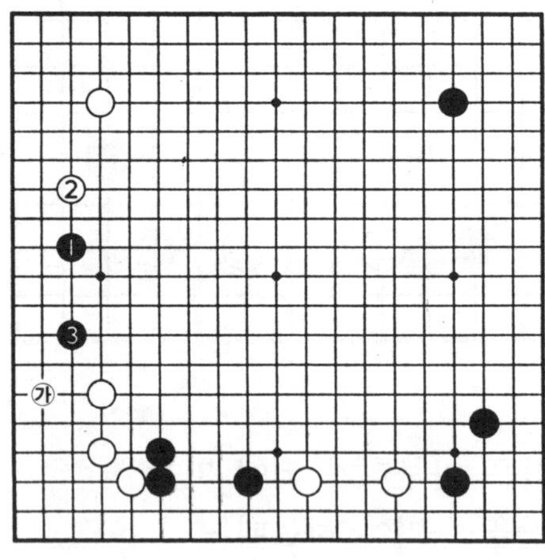

2도

2도 (참고) 흑 1에 대하여 백 2로 위쪽에다 다가서는 것은 흑 3으로 벌린다. 이 모양 다음에 ㉮의 곳 달림으로 흑이 충분하다.

제 2 문 — 수순(手順)

백선

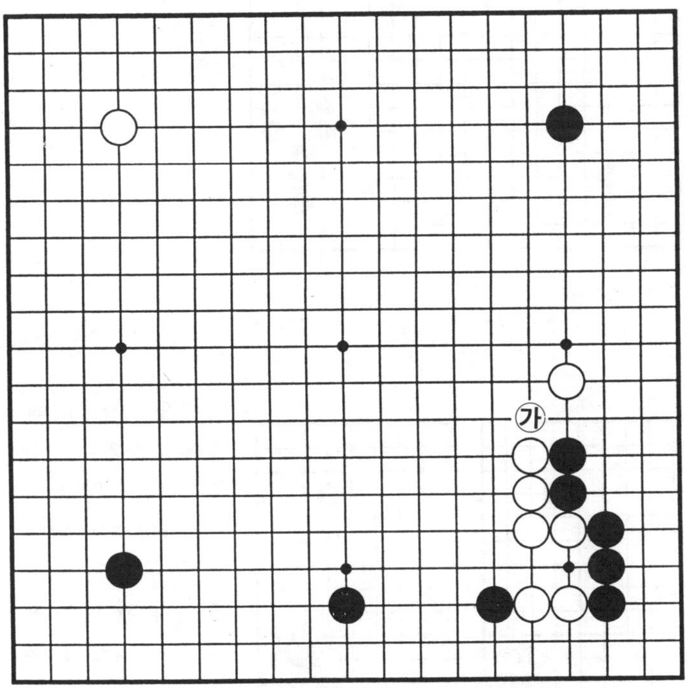

정석 이후의 문제다. 흑이 ㉮의 곳을 젖혀 나가느냐 그렇지 않으면 지키느냐로 백은 고민이다. 정확한 수순이 필요하다. 상식적인 수가 필요하다.

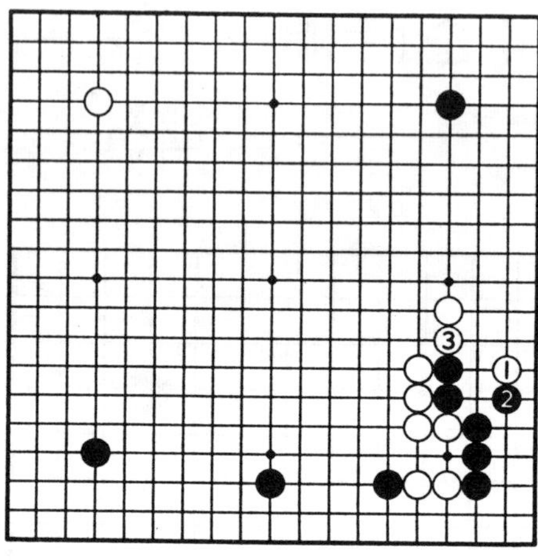

1 도

해답 치중

1 도 (정해) 백 1의 한칸의 치중이 있다. 흑 2일 때 백 3의 지킴이 있다. 흑 2로 받지 않은 수는—.

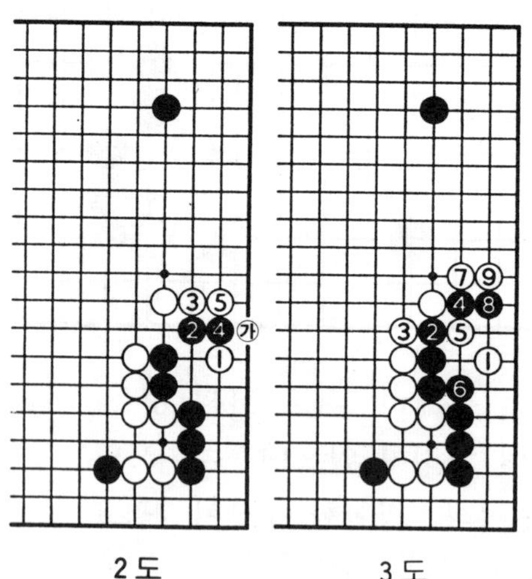

2 도　　　　3 도

2 도 (참고) 백 1에 흑 2의 반발은 좋지 않다.

외곽의 백의 벽이 너무 두텁다. 백 5까지 된 다음 흑 ㉮의 내려섬이 후수다.

3 도 (변화) 흑 2, 4의 나감도 좋지가 않다. 백 5에서 9까지 생각할 수 있다.

제 3 문—두터움의 배려

흑선

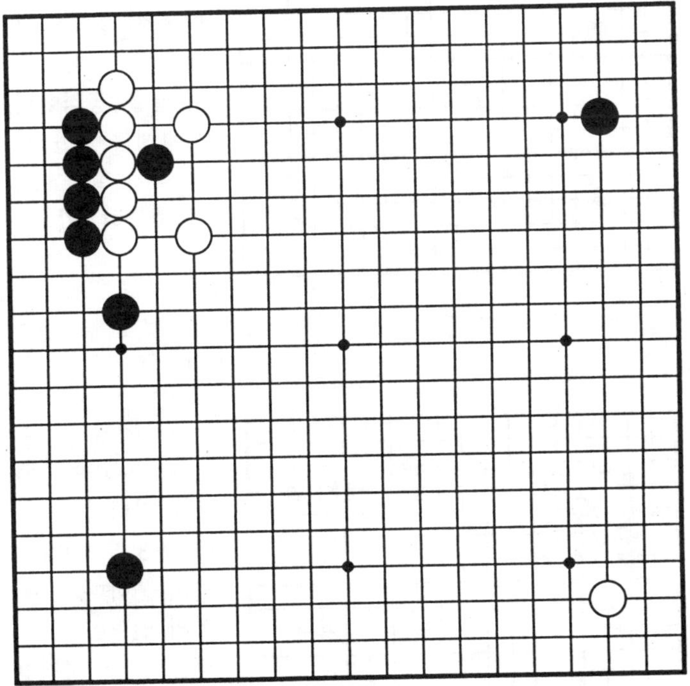

좌상은 백의 두터운 정석 이후의 벽이 생겨났다. 이 배려에 의해서 흑은 쉽게 다가설 수가 없다. 다음의 3수를 생각해 보자.

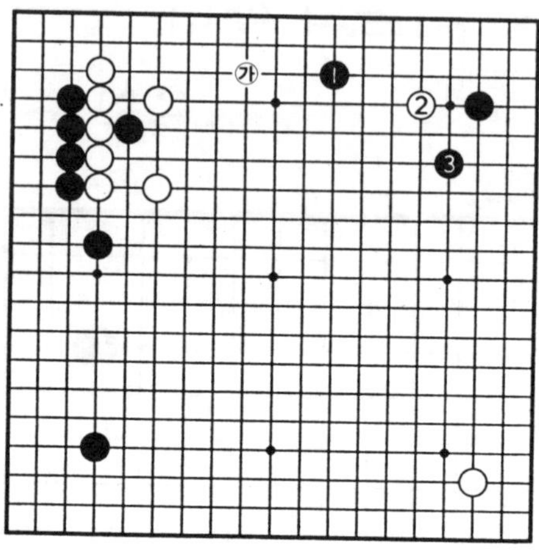

1도

해답 밸런스

1도 (정해) 흑 1에 두는 것이 좋은 착점이다. 백2로 걸치면 흑 3으로 둔다. 즉, 이 돌을 공격한다. 흑에게는 상변 ㉮의 곳에 벌릴 여유가 충분히 있다.

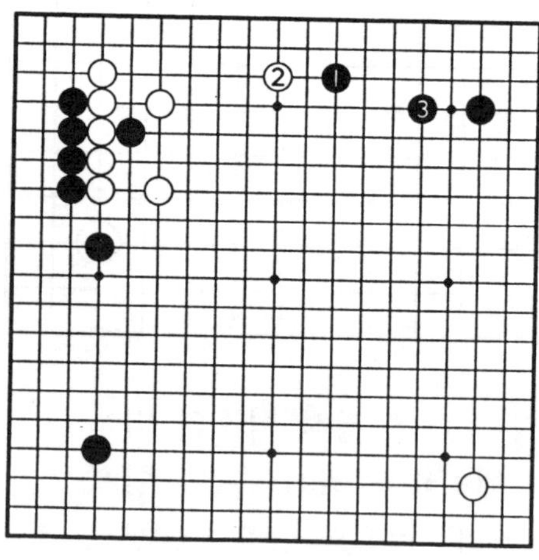

2도

2도 (참고) 흑 1에 대하여 백 2로 다가서는 것은 흑3의 한칸으로 충분하다. 흑 1의 벌림이 다소 작은 듯 하지만 백의 두터움이 있으므로 정착이다.

제 4 문—너무 단순함

흑선

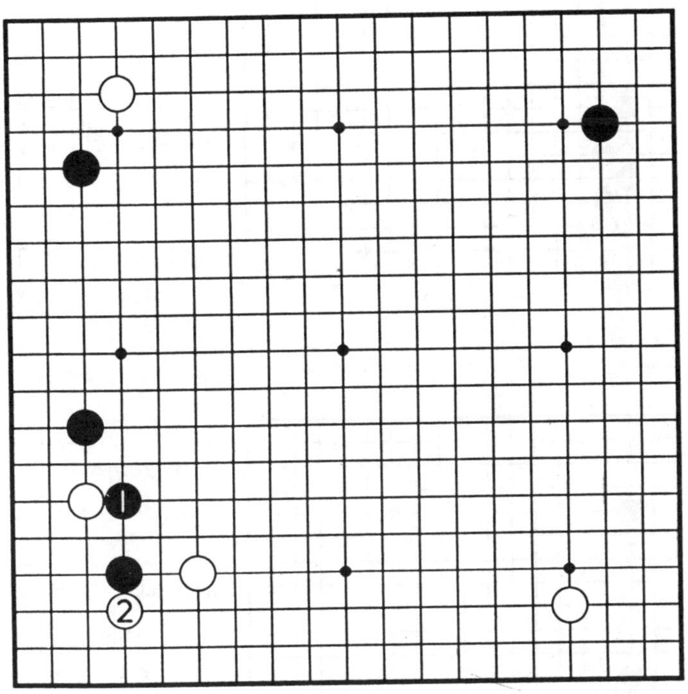

국면은 흑 1의 붙임에 백이 2로 붙여 왔다. 이곳을 어떻게 두어야 할까. 알기 쉽게 3수정도를 표시하여 보라.

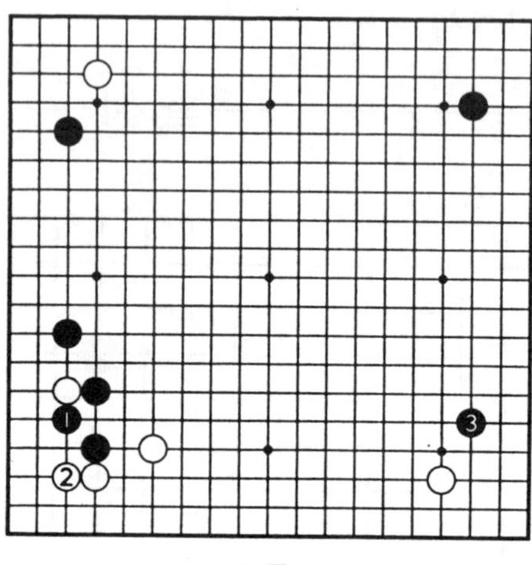

1 도

해답 큰곳에 돌아감

1 도 (정해)

흑 1 로 붙인다. 백은 2 로 늘어놓아 귀쪽을 확보한다. 그때 흑 3 으로 큰 곳을 둔다. 항상 시야를 넓혀서 큰 곳을 볼 것. 이것이 바로 이 책의 특징이다.

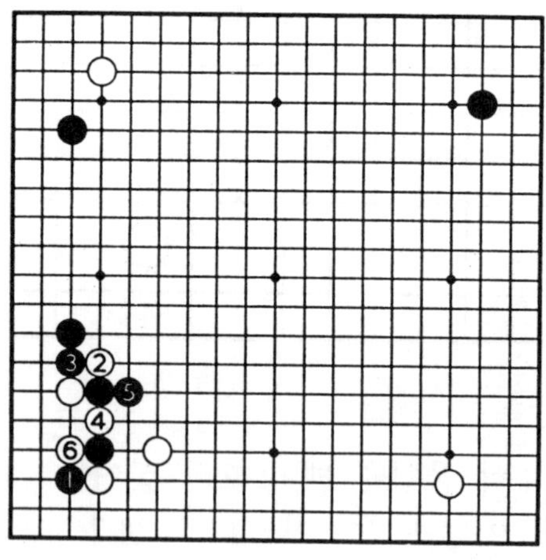

2 도

2 도 (참고)

흑 1 로 귀쪽을 두는 것은 백 2 의 젖힘이 있다. 흑 3 에는 백 4 , 6 의 수단이 있다. 이것은 흑이 좋지 않다.

정해도가 간명하다.

제 5 문—비워있는 집

흑선

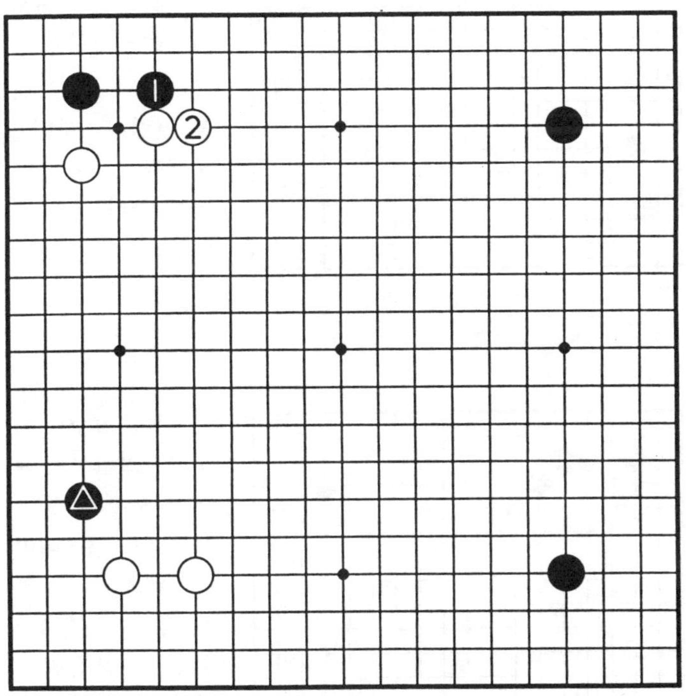

흑이 3·3 에 침입하여 나타난 모양이다. 흑 1에 백은 2로 뻗는다. 다음 흑은 어떻게 두어야 할까? 흑▲표를 염두에 두고서……

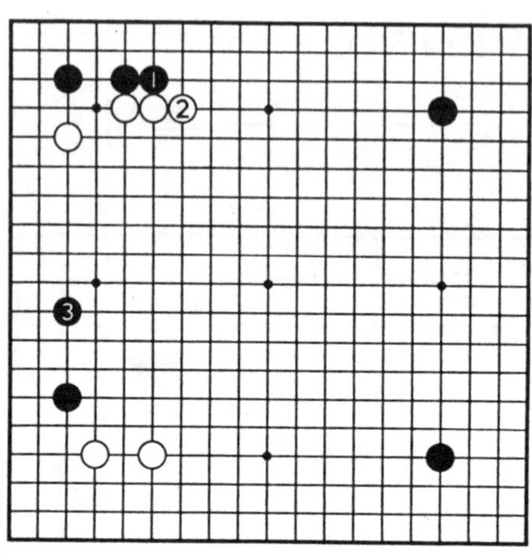

1도

해답 **2칸 벌림**

1도 (정해) 좌하귀를 한번 더 느는 것은 기합이다. 이것은 당연하다. 백 **2**로 늘면 흑은 **3**으로 2칸을 벌린다. 상변이 두터워지므로 빈 곳을 둔다.

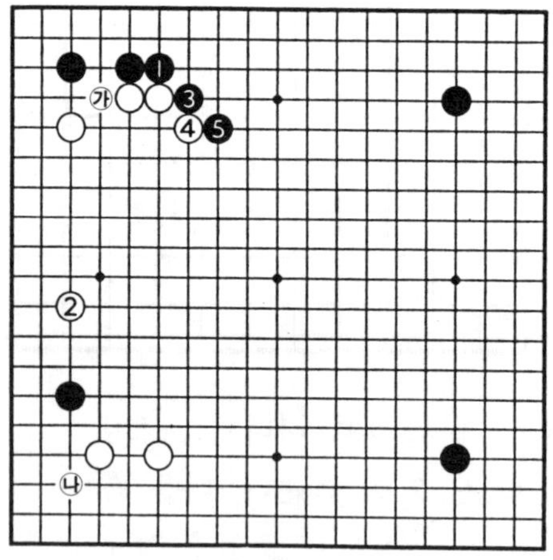

2도

2도 (참고) 흑 **1**에 대하여 백 **2**의 협공은 흑 **3**으로 머리를 내민다. 백 **4**에는 흑 **5**로 젖힌다. 흑 **3**으로 ㉮도 2점머리, 좌하귀는 ㉯의 곳 3·3에 침입하는 수가 있다.

제 6 문—두려운 곳

흑선

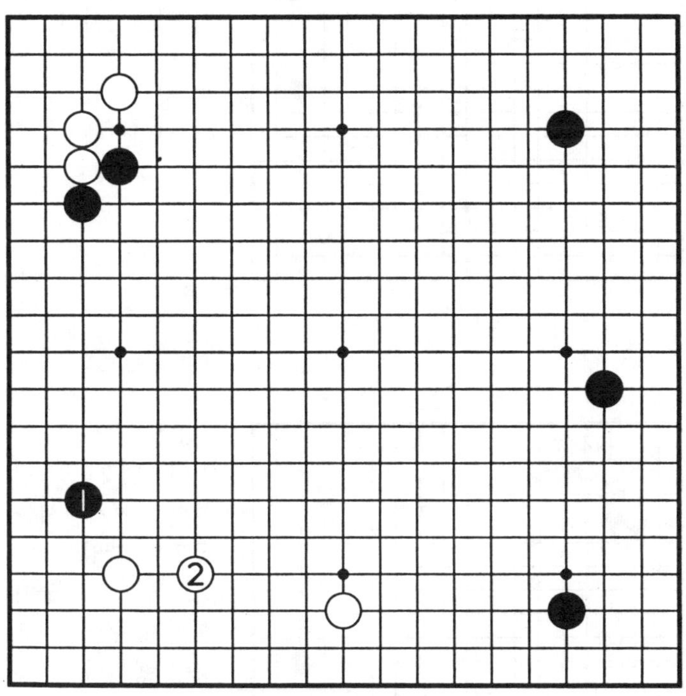

흑 1의 걸침에 백 2로 받는 모양이다.
이 다음의 3수를 생각하여 보기로 하자.

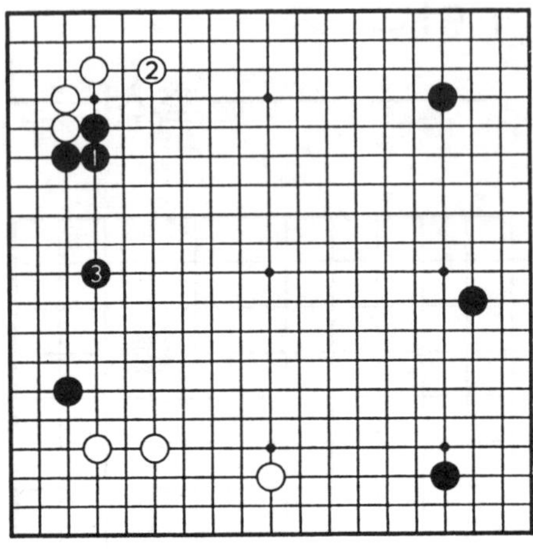

1 도

해답 정석으로 돌아감

1 도 (정해) 흑 1로 꽉 잇는 수가 있다. 백이 2로 두면 흑은 3의 곳 정석으로 되돌아 간다. 백 2 로 다른 수는 없을까.

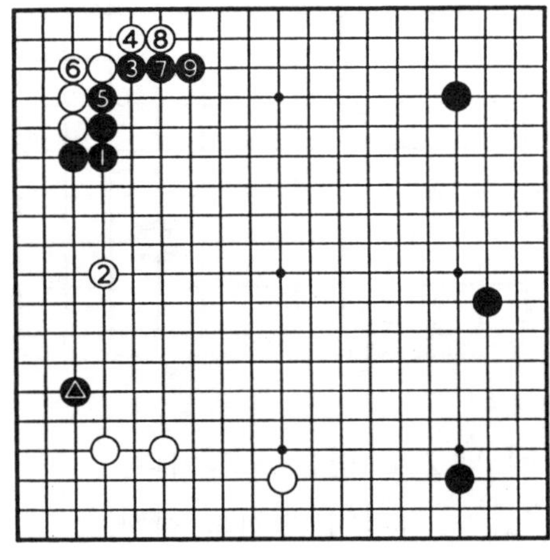

2 도

2 도 (참고) 흑 1에 백 2 는 어떨까. 여기에서는 흑 3 의 붙임이 있다. 흑 3 으로 붙여 9 까지 두터운 모양이 생긴다. 흑 ▲표 한점이 문제다.

이것도 한판의 바둑인데 백 6 으로 다음 문제가 있다.

제 7 문 — 관련 (關連)

흑선

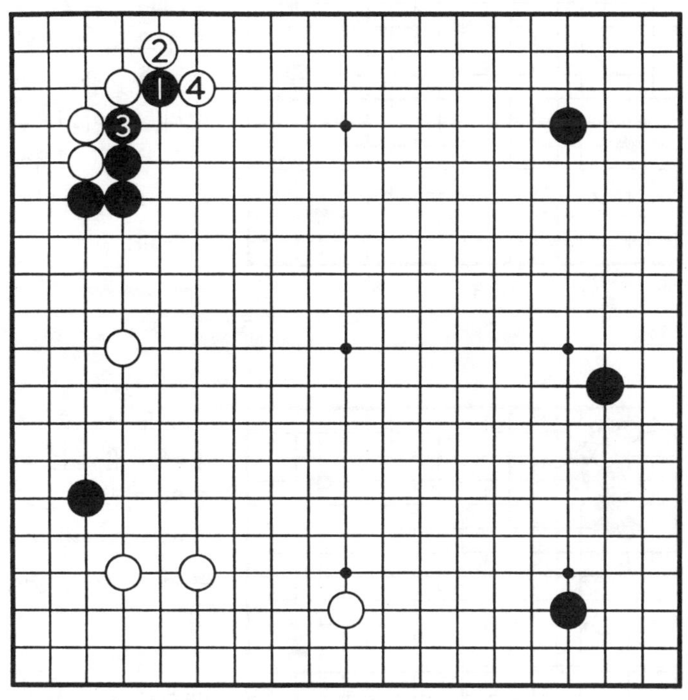

앞문제 **2**도의 수순이다. 백**4**의 수.
이것은 유단자가 많이 두는 수이다.

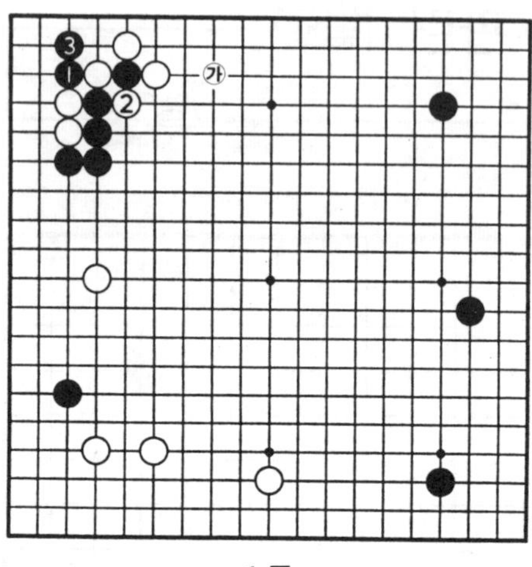

1 도

해답 실리가 크다

1 도 (정해) 흑 1은 당연한 끊음이다. 백 2 에는 흑 3 으로 받는다. 2 점을 잡는것이 크다. 이것으로 충분하다. 다음에 흑 ㉮의 압박이 남는다.

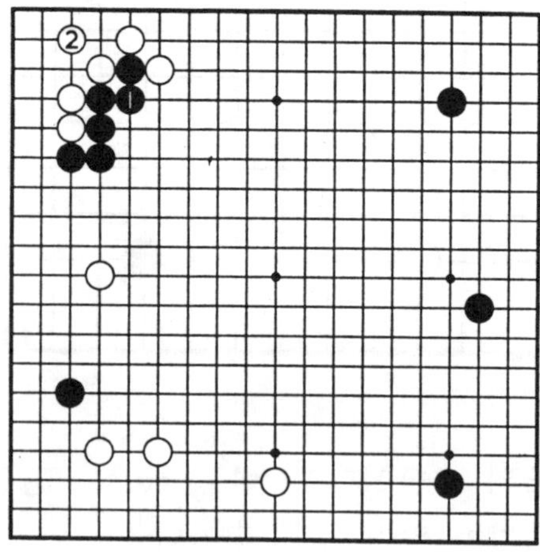

2 도

2 도 (참고) 흑 1 의 이음에는 백 2 의 지킴이 있다.

이것은 상당히 흑이 둔한 모양이다.

반격에는 항상 반격으로 대한다.

제 8 문—다음 수를 보라

백선

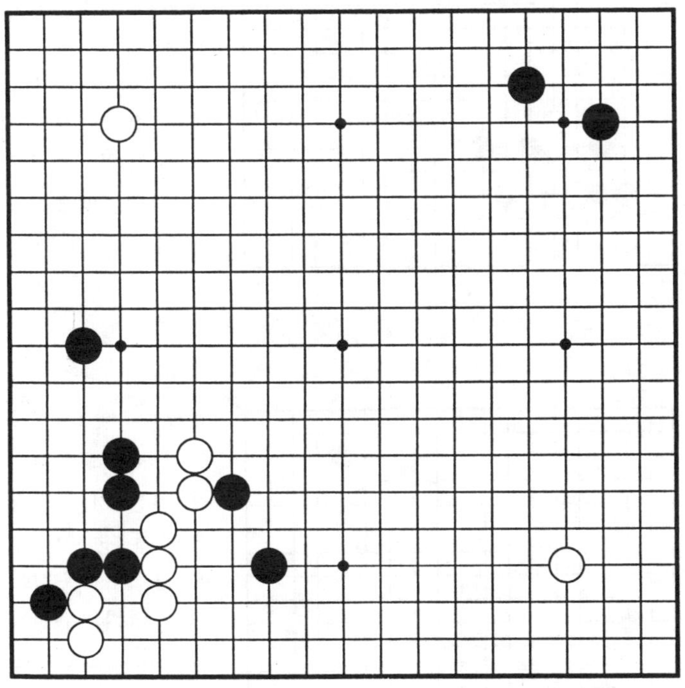

백선으로 3수를 둔다.

백의 1착은, 그 다음의 수들이 호착 이다.

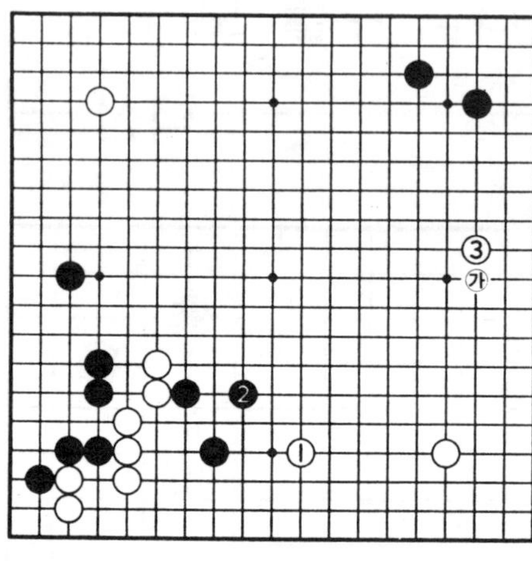

1 도

해답 평범한 벌림

1도 (정해) 백1은 흑 2점을 공격하는 것이 포함이 된 수이다.

당연한 일착이다. 흑이 2로 지키면 백은 3의 큰곳으로 간다. 백3으로 ㉮의 곳도 있다.

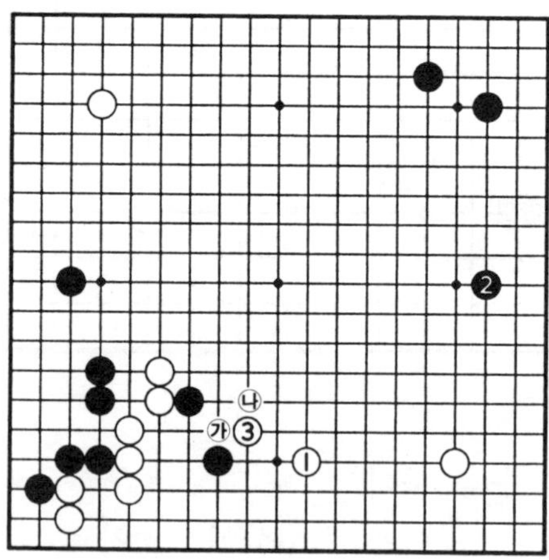

2 도

2도 백1에 대하여 좌변의 큰곳을 가는 것은 백3으로 둔다. 그러면 흑 2점을 움직이기 어렵다. 무겁게 움직여 나가면 백이 ㉮나 ㉯의 곳을 두어 충분하다.

제 9 문—간명함

흑선

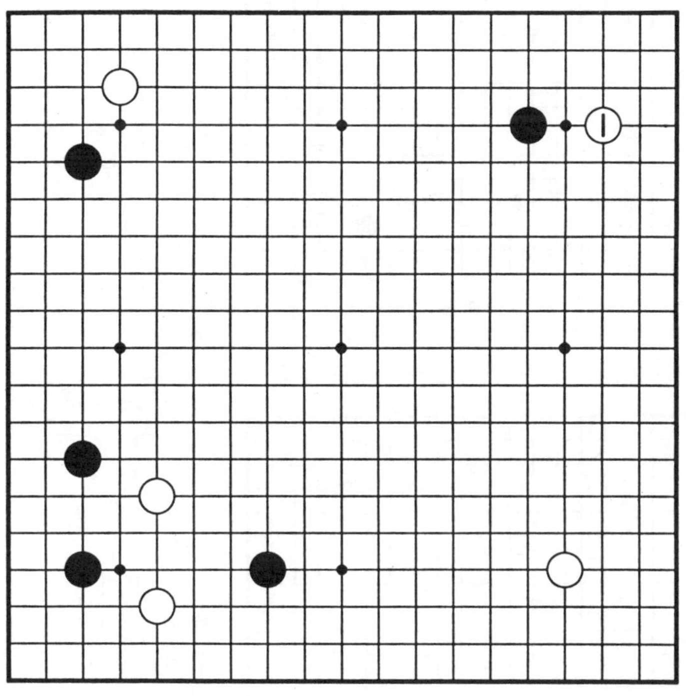

백 1로 안쪽에 걸쳤다.

국면으로 보아 흑은 간명한 길을 택하여 알기쉽게 둔다.

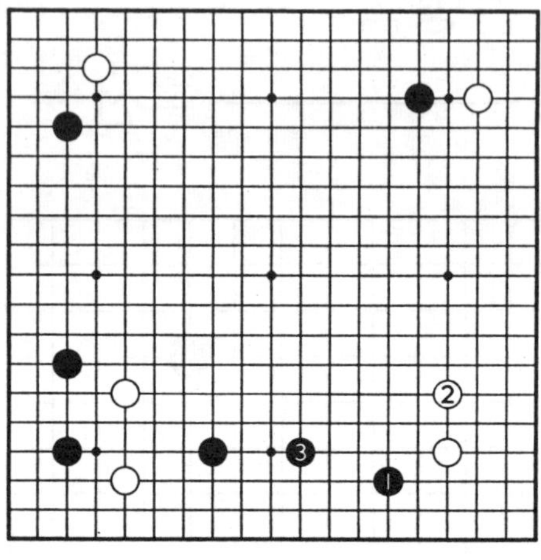

1 도

해답 걸침에서 벌림까지

1 도 (정해) 하변 흑 1 의 걸침. 이에 백 2 의 받음은 흑 3 의 벌림이 평범하고 알기 쉽다. 상변에 흑 1 점을 염두에 둔 수.

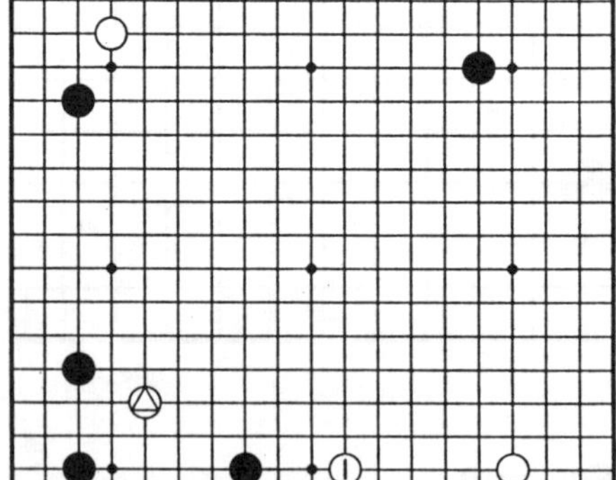

2 도

2 도 (참고) 문제도의 백 1 의 협공이 백 ◬ 표를 염두에 둔 상식적인 호착이다. 정해도가 더욱 알기 쉽다.

제10문 — 큰 곳

흑선

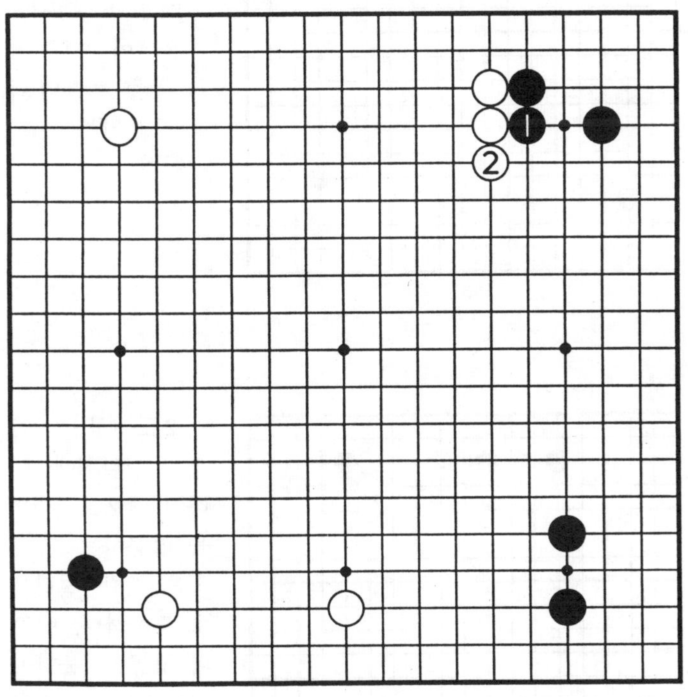

흑 1에 대하여 백은 2로 올라섰다.
다음의 3수를 생각하여 보자.

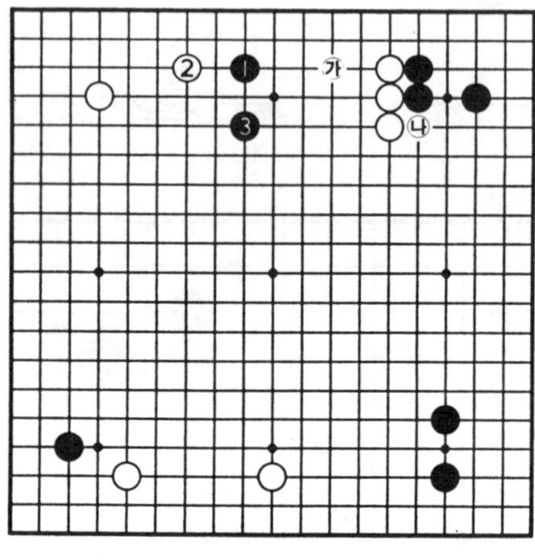

1도

해답 **상변이 큰곳**

1도 (정해) 흑 **1**로 상변을 갈라치는 수가 크다.

백**2**의 협공엔 흑**3**, 이 수로 ㉮의 곳을 두면백㉯로 구부리는 수가 두텁다.

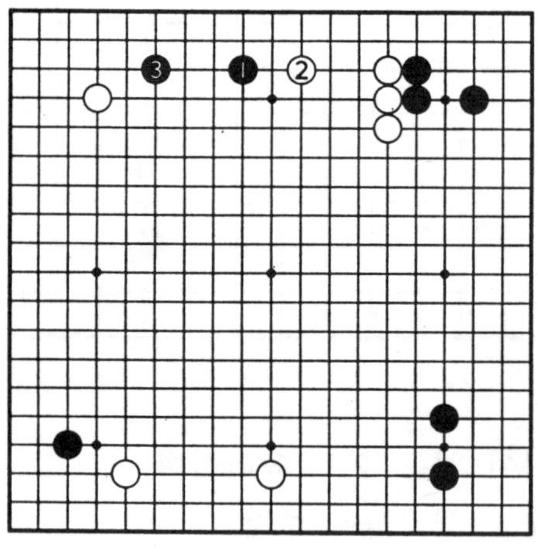

2도

2도 (참고) 흑 **1**의 갈라침에 대하여 백**2**로 측면을 협공하는 것은 흑은 2칸 벌림으로 충분하다. 백**2**의 협공은 불만이다. **1**도를 선택한다.

제11문—선행(先行)

흑선

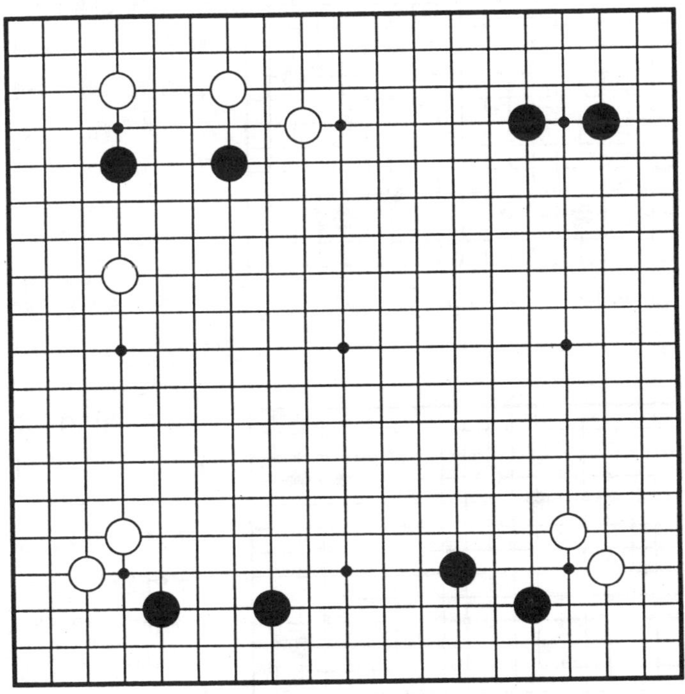

좌상의 흑 2 점은 약한 모양이다. 급하고 엄한 곳을 공격하여야 한다. 흑 3 까지 생각을 하여야 한다.

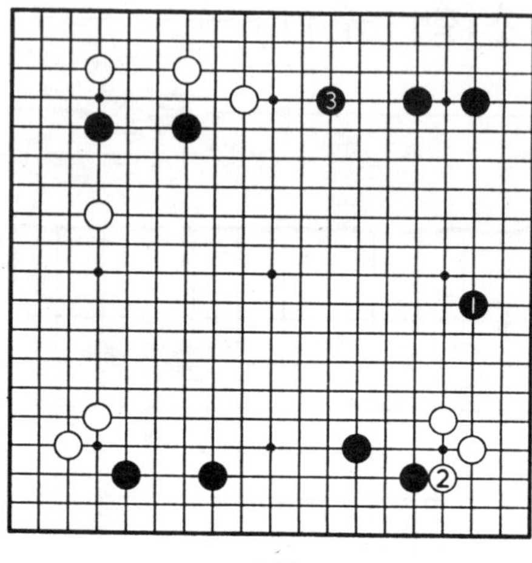

1 도

해답 대치하는 큰 곳

1 도 (정해) 흑 1이 큰 곳이다. 이 수는 다음 수를 보게 한다. 백이 2로 지키면 흑은 3으로 양날개를 편다.

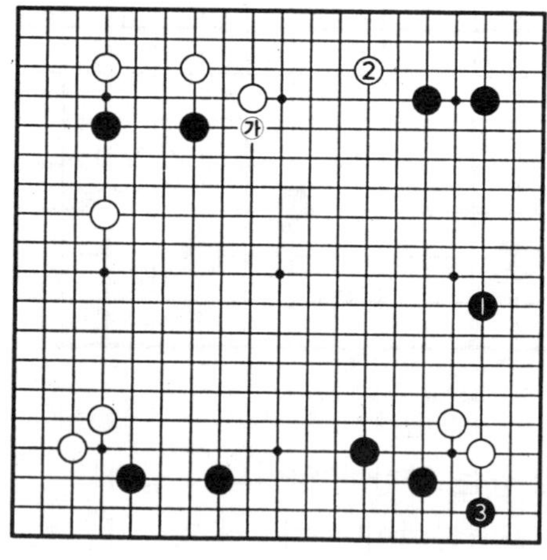

2 도

2 도 (참고) 흑 1에 대하여 백이 상변의 큰 곳을 두어오면 흑 3으로 미끌어진다. 흑이 우세한 국면이다. 좌상변의 흑 2 점은 ㉮의 붙임이 있다.

제12문—방향(方向)

흑선

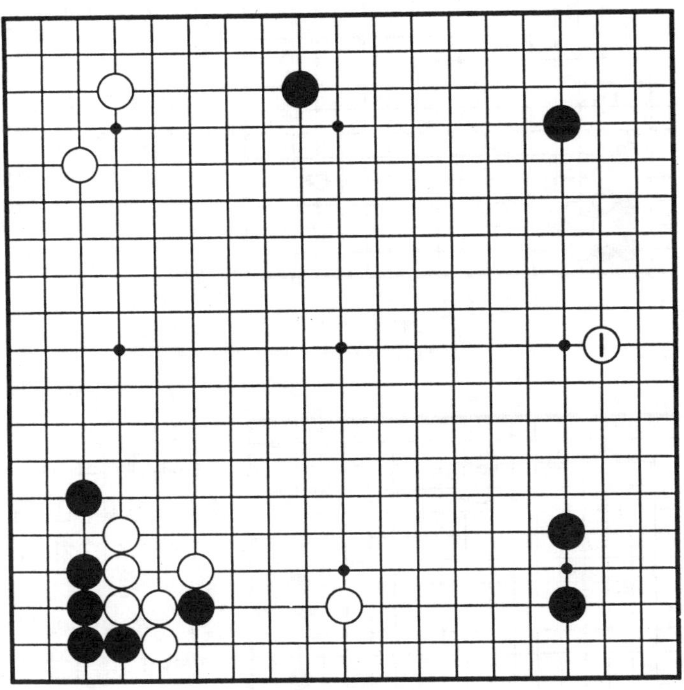

백 1의 곳을 갈라치면 이것은 좋은 수이다.

흑은 어느쪽으로 협공을 하여야 할까? 주목을 하여야 할 대목이다.

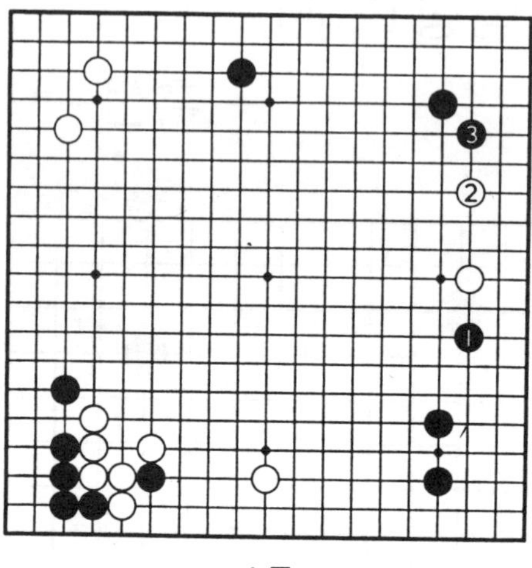

1 도

해답 아래쪽 협공

1 도 (정해) 흑 1 로 아래쪽을 협공하는 것이 좋은 수. 우하귀의 한칸 협공이 아주 이상적인 수이다. 백의 2칸벌림엔 흑 3 의 마늘모가 아주 강수.

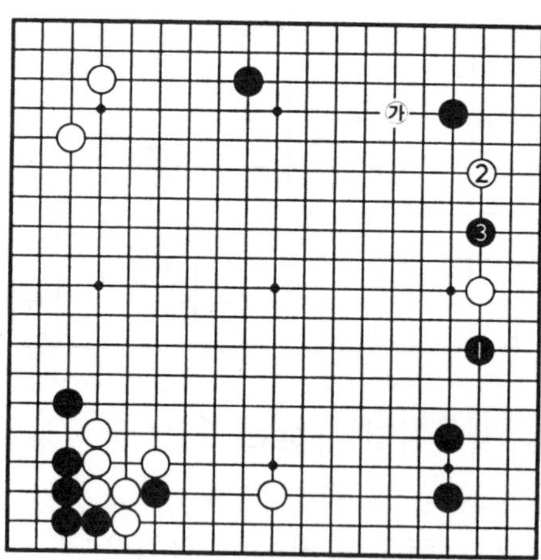

2 도

2 도 (참고) 흑 1 에 대하여 백 2 의 3칸벌림은 흑 3 의 침입수가 엄하다. 3 으로는 ㉮의 곳을 받아서 충분하다. 흑 1 로 위쪽을 두면 백은 2칸으로 벌린다.

제13문—평이(平易)함

백선

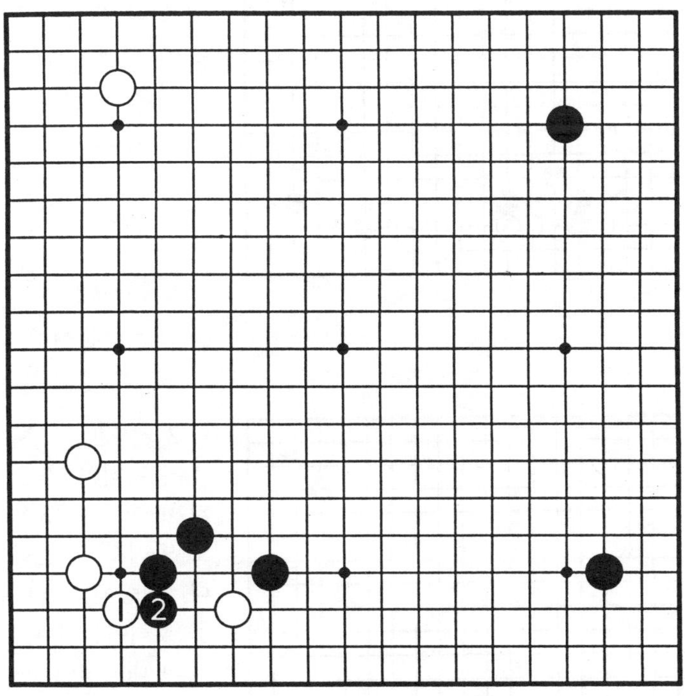

백 1에 대하여 흑 2로 내려섰다.

여기서 백으로서는 하변을 두는 것이 알기쉬운 선택인데……

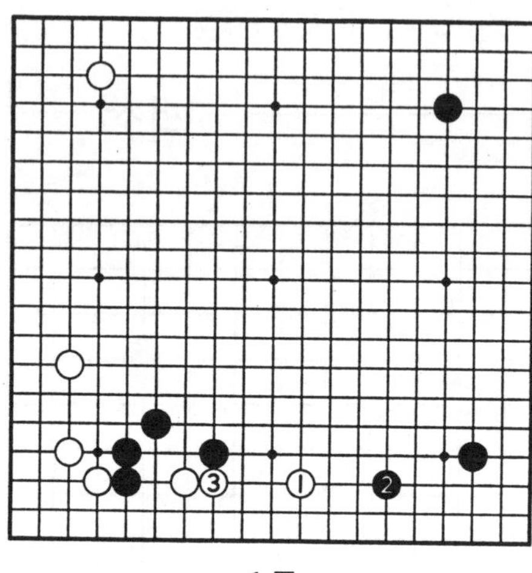

1 도

해답 맞보기

1 도 (정해) 백 1로 두는 수. 다음의 수를 맞보기로 하여 둔다. 흑 2에는 백 3으로 1점을 활용한다.

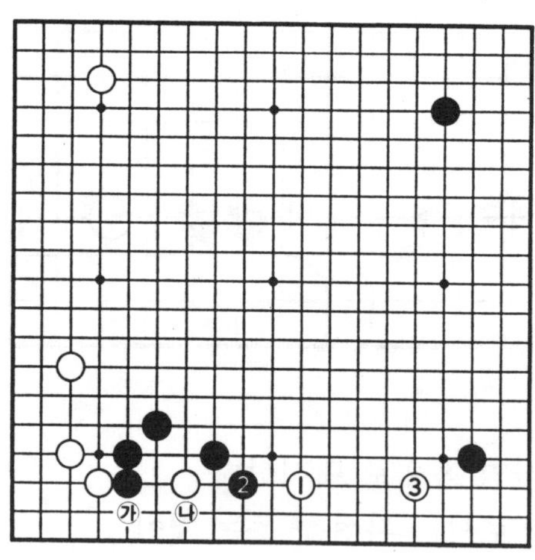

2 도

2 도 (참고) 백 1에 대하여 흑 2의 마늘모는 3으로 벌려서 충분하다. 나중에 ㉮의 곳 젖혀이음이나 ㉯의 내려섬이 노림으로 남는다. 흑은 1 도를 택한다.

제14문—움직이다

흑선

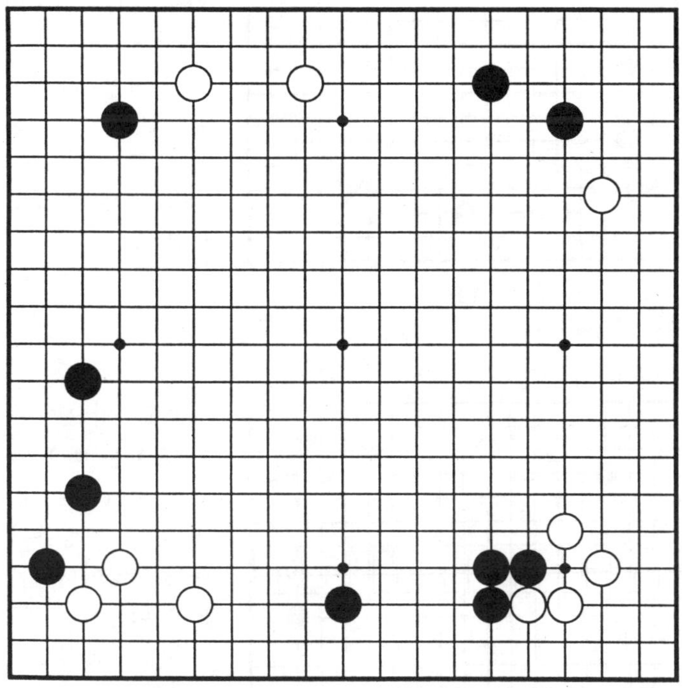

국면을 살펴보자.

기분으로는 좌상귀를 한번 움직여 보고 싶다.

어느쪽으로 움직여 두는 것이 좋을까?

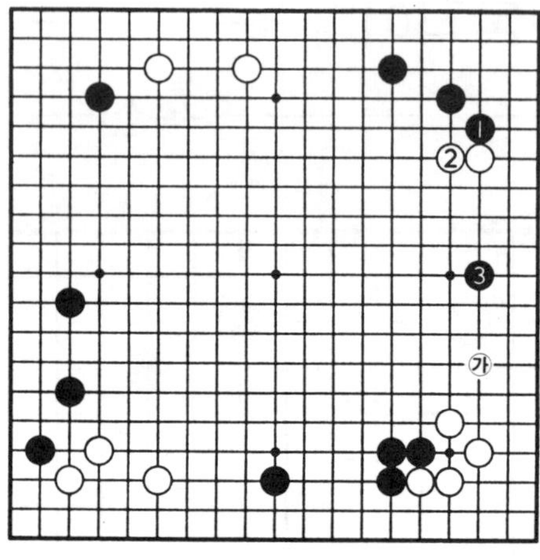

1 도

해답 마늘모 붙임에서 협공

1 도 (정해) 흑 1 로 마늘모 붙임하여 둔다. 백 2 에는 흑 3 으로 협공을 한다. 흑 1 은 근거를 빼앗는 상용의 수. 흑 3 은 다음 ㉮의 벌림을 엿본다.

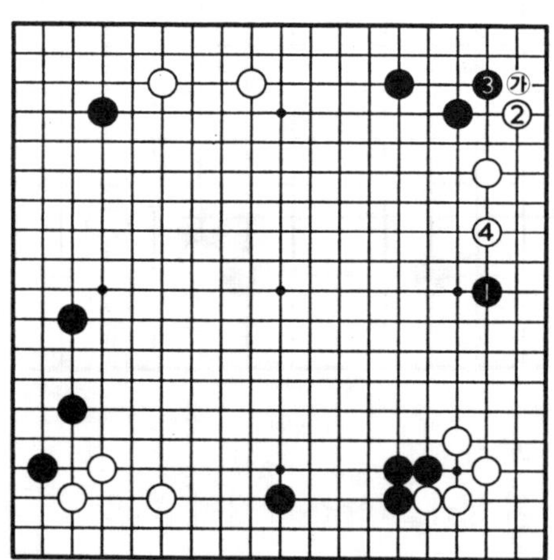

2 도

2 도 (참고) 단지 흑 1 은 백 2 , 4 의 여지가 남는다. 1 도와는 방향이 다른 모양이다. 본도는 다음에 ㉮의 지점이 부분적인 쌍방의 호점이다.

제15문 — 큰 곳

백선

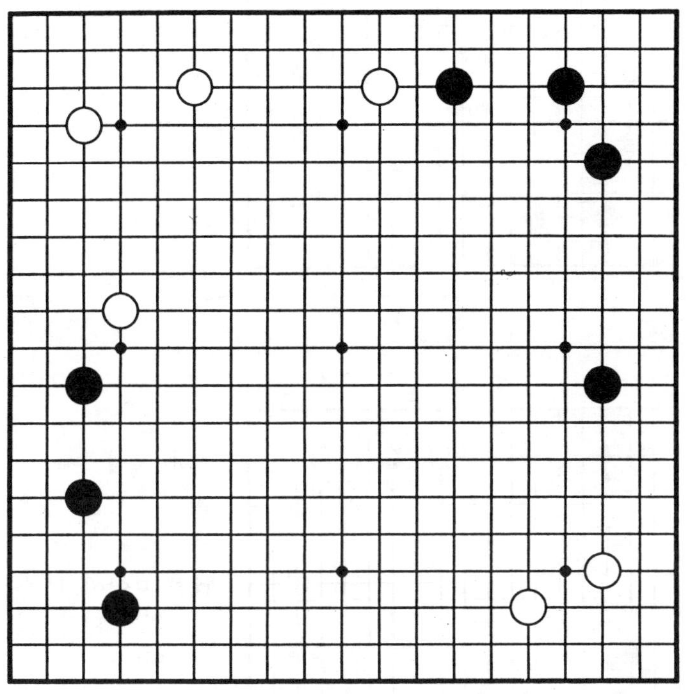

국면의 서로가 잘 어울려서 매우 단조로운 모양이다. 남아있는 곳은 하변과 우변인데……

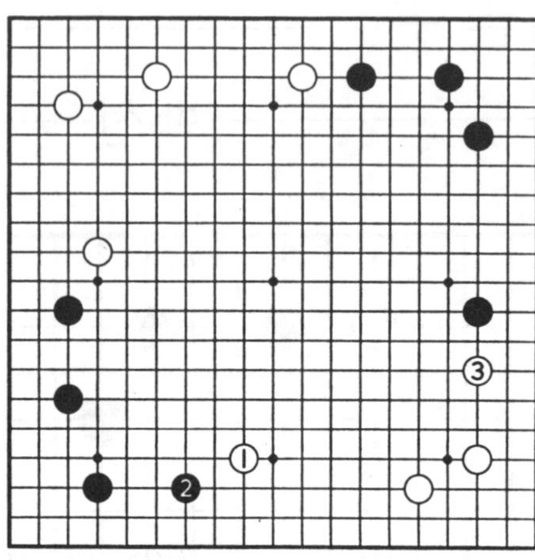

1도

해답 고저를 갖춤

1도 (정해) 백 1로 크게 누르는 수가 이 국면에서는 최선의 수이다.

2로 벌리면 3으로 우변쪽을 달려간다.

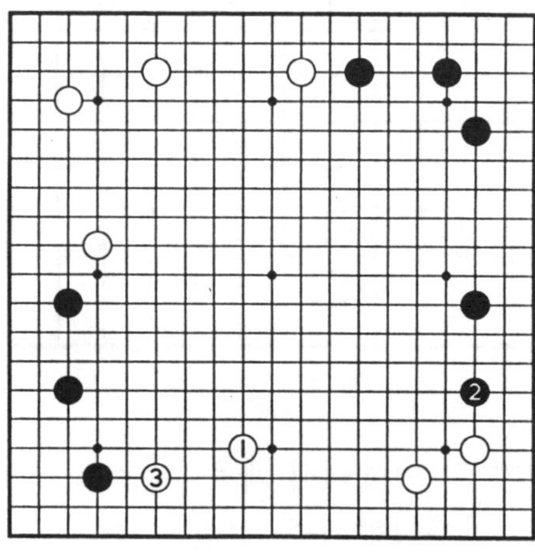

2도

2도 (참고) 백 1에 흑이 2의 곳을 다가서는 것은 백 3으로 다가선다. 백 1, 3은 3선과 4선의 조화가 있는 곳이다.

제16문 두고 싶은 곳

흑선

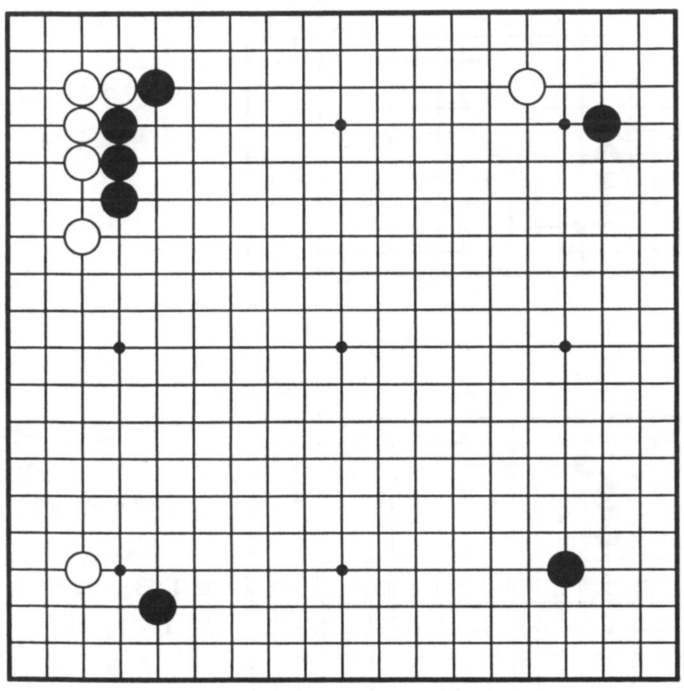

국면은 10여수가 진행이 되었다.
시비거리가 몇 군데에 있다.
좌상의 모양과 관련이 되어 있다.

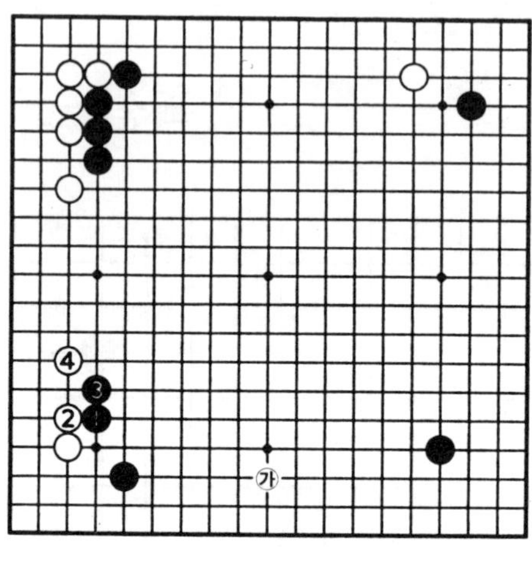

1 도

해답 **백을 저위로**

1 도 (정해) 흑 **1**, **3** 으로 강하게 씌워 누르는 수가 좋다. 좌상의 모양이 결정이 되었다.

백은 3선을 나갈 수밖에 없다.

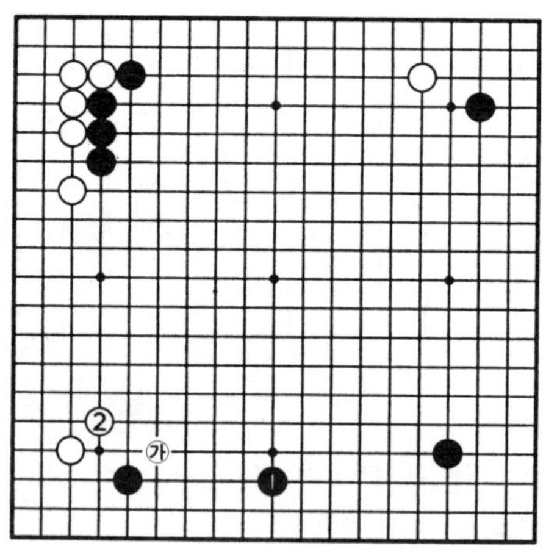

2 도

2 도 (참고) 단순히 흑 **1** 로 두는 것은 백 **2** 가 좋다.

다음에 ㉮의 곳 씌움을 노린다. 흑은 **1** 도를 택하는 것이 좋다.

제17문—포석의 파생형

흑선

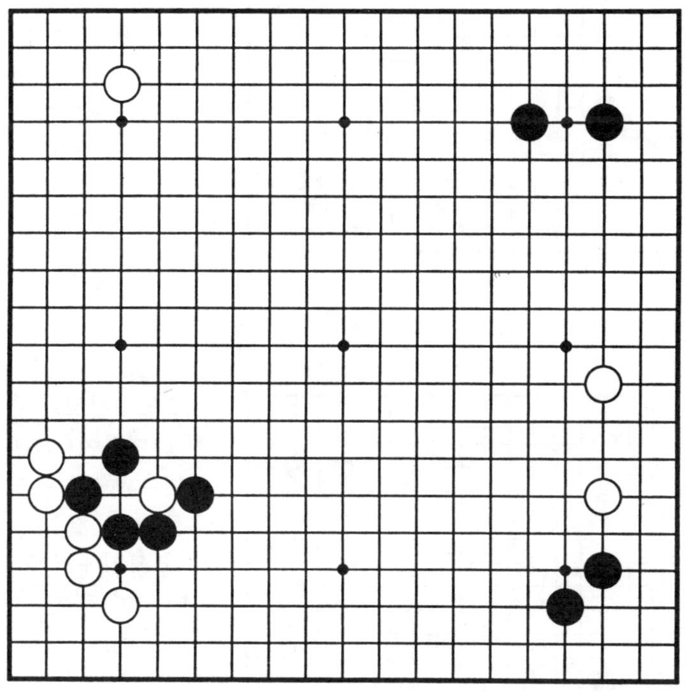

이런 모양에서 흑은 어떻게 두어야 할까?

당연한 걸침과, 벌림의 갈림인데 어느 곳일까?

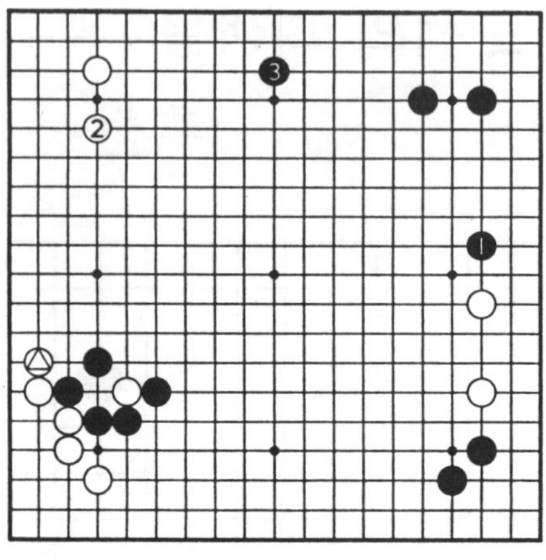

1도

해답 큰곳을 두다

1도 (정해) 흑 1로 벌려서 백2점을 공격한다. 비상한 호점이다.

백2엔 흑3의 양날개가 좋다. 백△표에 나와 있음이 매력이 없다.

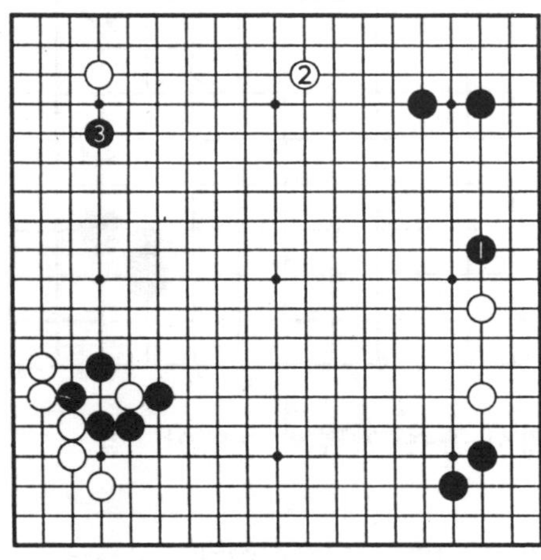

2도

2도 (참고) 흑 1에 대하여 백은 상변을 두면 흑3으로 높이 걸친다.

이 모양에서 물음이 계속된다.

제18문―선택

흑선

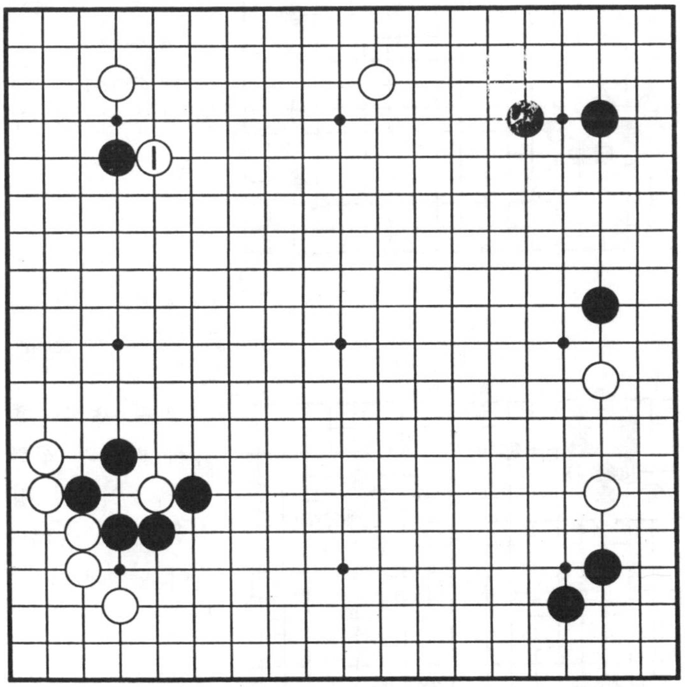

앞문제에 이어서, 이후의 정석 변화등을 살펴보기로 한다.

백 1의 붙임에 대하여 어떤 정석을 써야 할까?

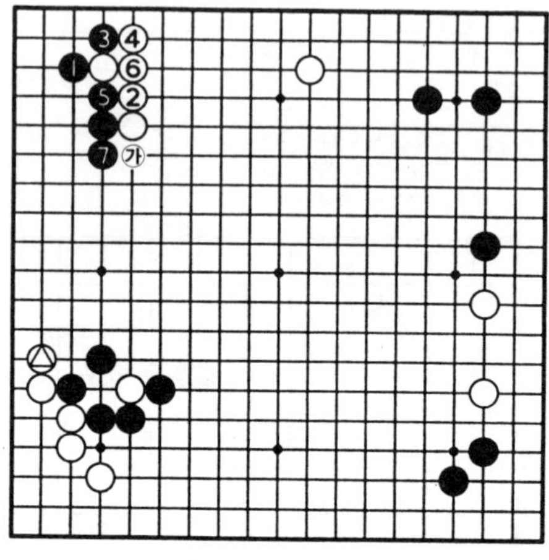

1 도

해답 붙여서 반발

1 도 (정해) 백△표가 기워 나와 있다면 ㉮로 두지 않고 흑**1**로 붙여서 반발한다.

백**2**에서 흑**3** 이하 **7**까지로 둔다.

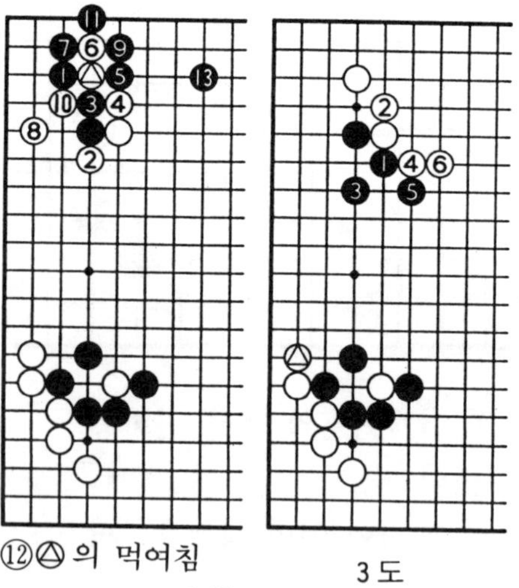

⑫△의 먹여침

2 도

3 도

2 도 (변화) 흑**1**에 백**2**의 젖힘은 흑**3** 이하의 정석을 쓴다. 흑**13**까지 변하여 흑이 좋다.

3 도 (참고) 흑**1**, **3**으로 보통 두는 것은 백△표가 좋아 흑이 나쁘다.

제19문 — 큰 모양에 대해

흑선

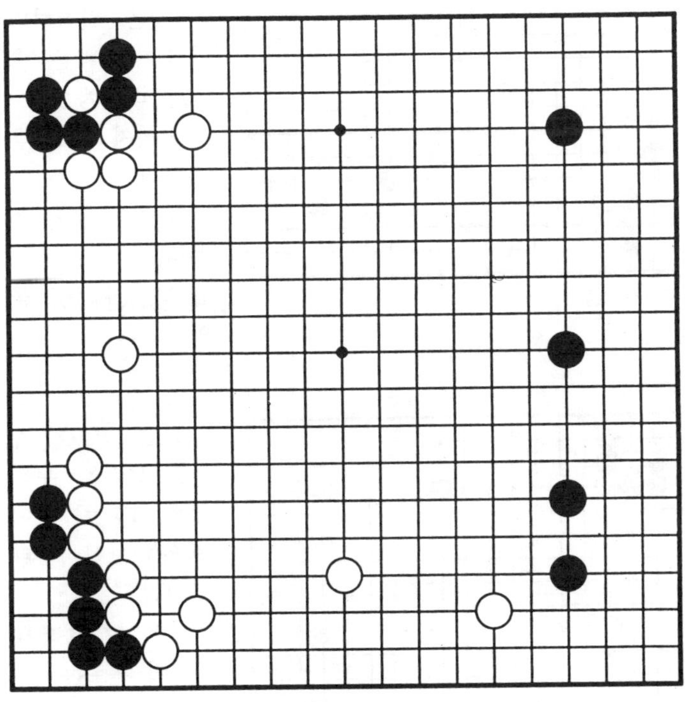

하변 일대의 백 모양은 웅장하다.
어디서부터 삭감을 하여야 할까.

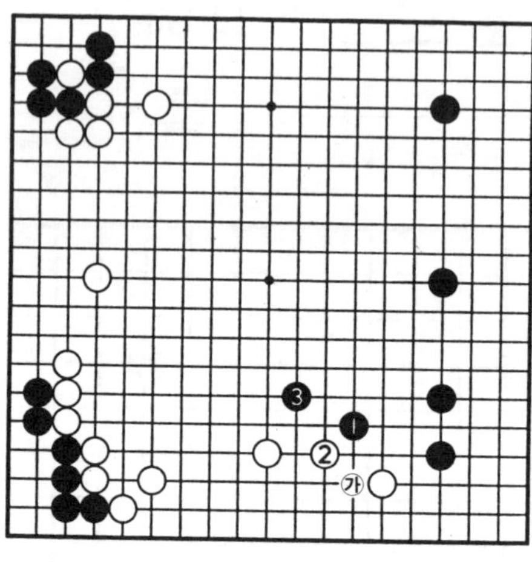

1 도

해답 가벼운 삭감

1 도 (정해) 백 모양이 너무나 크다. 깊숙히 침입하는 것은 위험하다. 흑 1 이 가벼운 수로 좋다. 백 2 에는 흑 3 까지 모양을 키운다.

백모양을 제한하여 둔다. 백 2 로 받지 않으면 ㉮의곳 붙임이 있다.

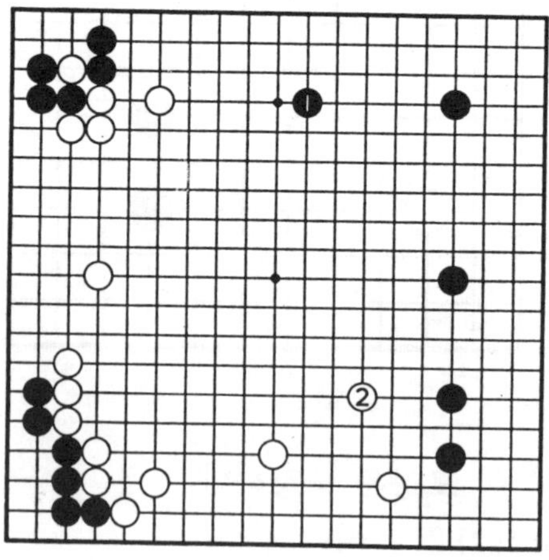

2 도

2 도 (참고) 흑 1 로 상변을 두는 것은 백 2 로 되어 백의 대모양이 완성된다.

백 2 가 호점이다. 이 후로는 삭감을 할 수가 없다.

제20문 — 정형

흑선

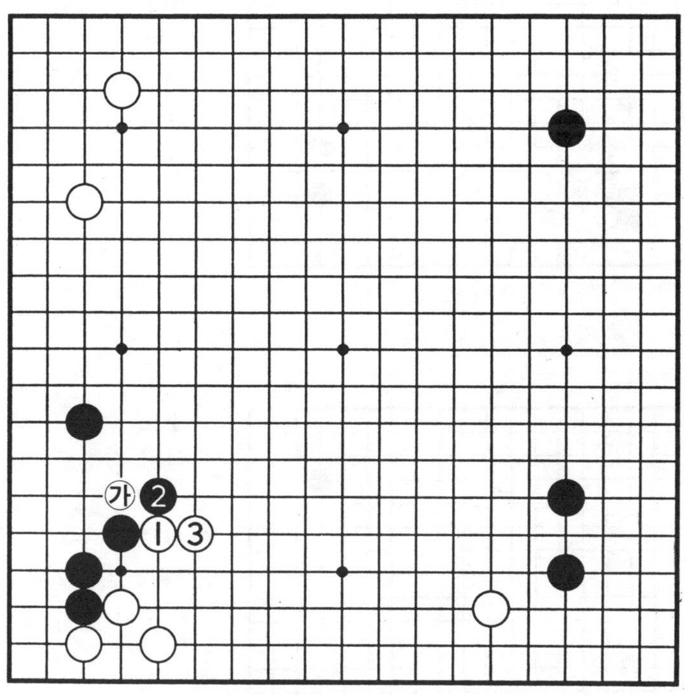

백 1, 3으로 둔다. ㉮의 곳 끊음이 노림으로 남는다. 정형의 어떤 수단이 이곳에 있는 것일까.

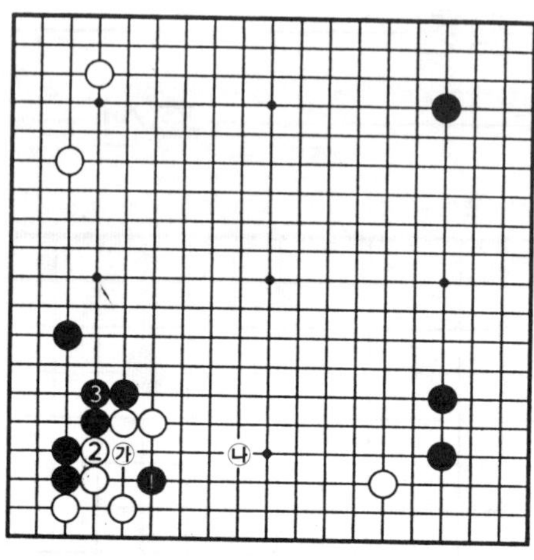

1도

해답 급소의 엿봄

1도 (정해) 흑 1로 급소를 찌름이 예리하다.

백 2로 ㉮의 곳은 흑이 3의 곳을 두지 않고 ㉯의 곳을 달려간다.

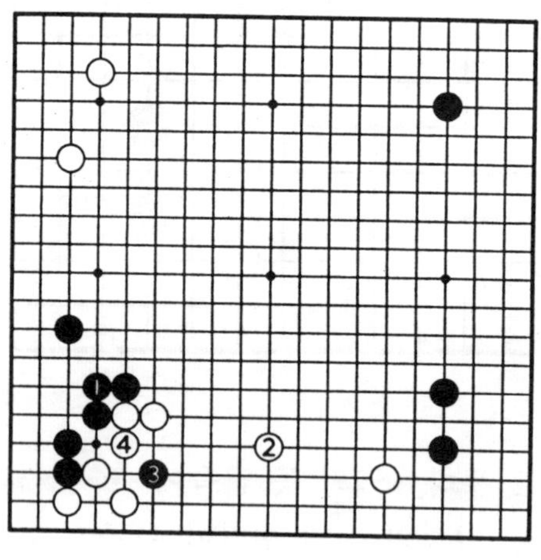

2도

2도 (참고) 단순하게 흑 1로 잇는 것은 백 2의 모양이 크다. 흑 3에는 백 4로 둔다.

수순이 좋지 않다.

제21문—생각하는 방법

백선

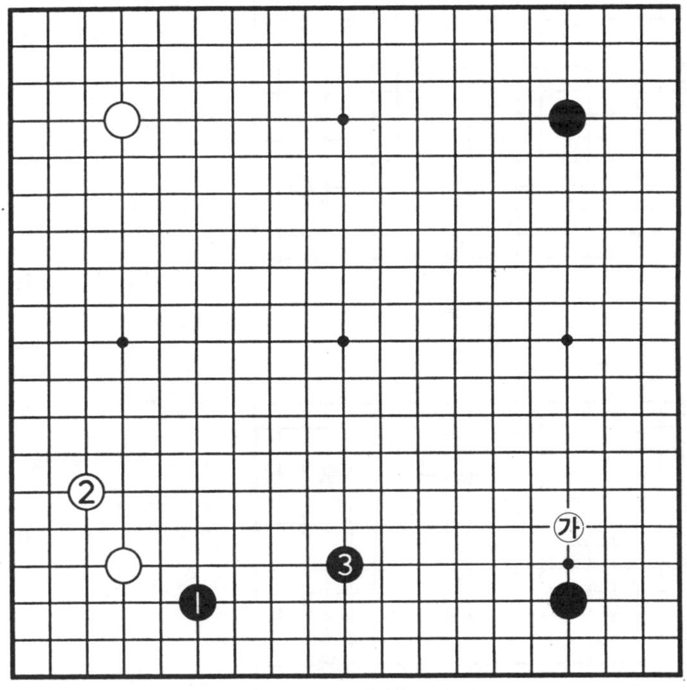

최근에는 바둑을 넓게 생각한다. ㉮의 곳 걸침이거나 혹1, 3의 포석은 실전적이다. 다음의 걸침에 대해서 공부하여 보고, 선악을 가려보자.

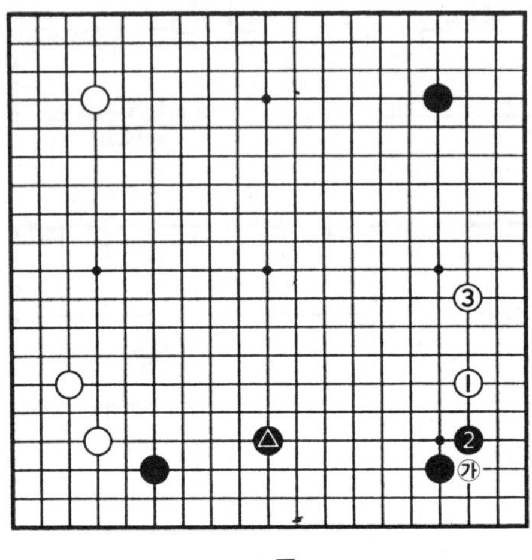

1도

해답 눈목자 걸침

1도 (정해) 흑 ▲를 의식하여 백 **1** 눈목자 걸침으로 많이 둔다. 흑 **2**에는 백**3**의 2칸 벌림으로 두는 것을 생각한다.

흑**2**로 **3**의 곳 방향이면 ㉮의 곳 붙임이 있다. 이것은 취향의 범위다.

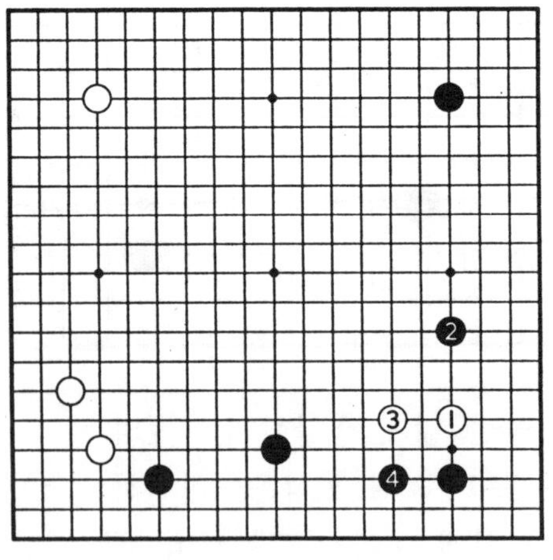

2도

2도 (참고) 백 **1**로 높게 걸치는 방법도 있다. 그러면 흑**2**, **4**로 바둑이 급박하여 진다.

제22문—계속됨

흑선

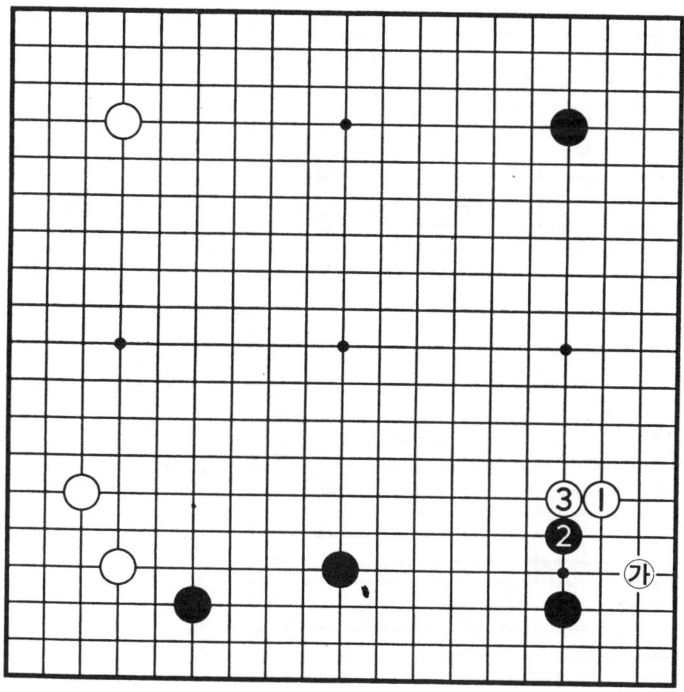

계속하여 여기에서는 흑선의 문제이다. 백 1 에 흑 2 로 두면 흑 3 의 누르는 수가 있다. 백 3 으로는 ㉮의 곳 달리는 수가 보통이다.

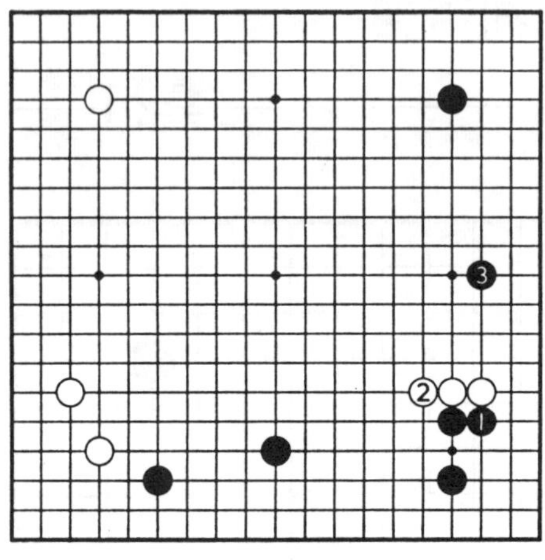

1도

해답 내려섬의 협공

1도 (정해) 흑1로 내려서 집을 확보한다. 백2로 뻗으면 흑3으로 협공하여 둔다. 이렇게 돌을 움직이는 것이 유력하다. 백이 어렵다는 느낌이 든다.

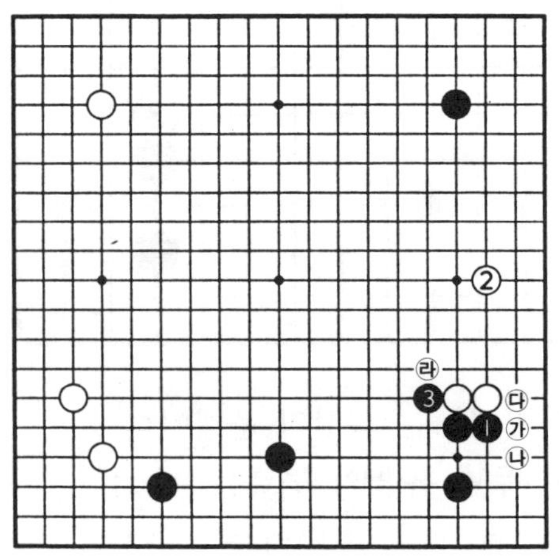

2도

2도 (참고) 흑1에 백2는 흑3으로 머리를 두드린다. 여기에서 백㉮, 흑㉯, 백㉰로 젖혀 이으면 흑㉱로 충분하다. 백은 3의 곳을 두지 않을 수 없다.

제23문 공격의 급소

흑선

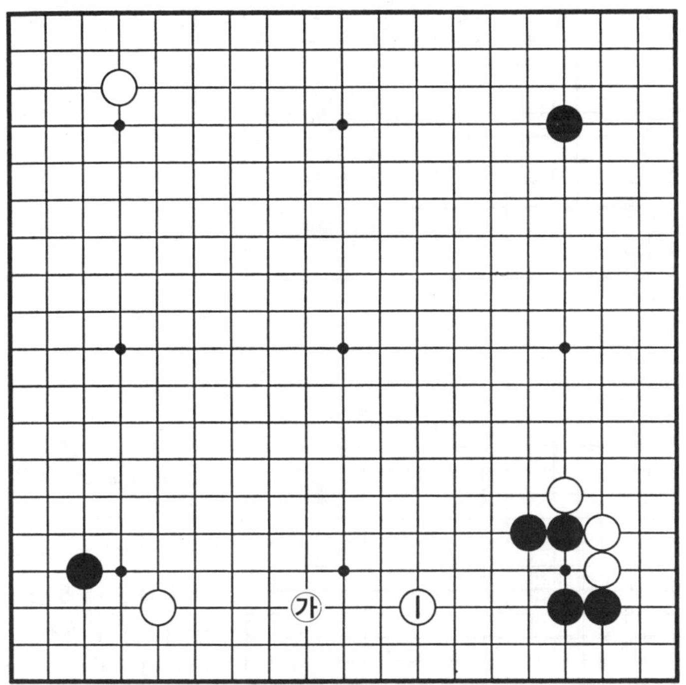

백 1에 흑㉮의 갈라침이 취향의 한 수다.

여기에서 흑은 우변의 백을 공격하여야 한다. 어떤 수가 있을까?

해답 급소의 일격

1도 (정해) 흑1은 형태의 급소이다. 백2에는 흑3, 5까지. 흑5가 정형이어서 충분하다.

우변의 백은 근거가 없어 무겁다.

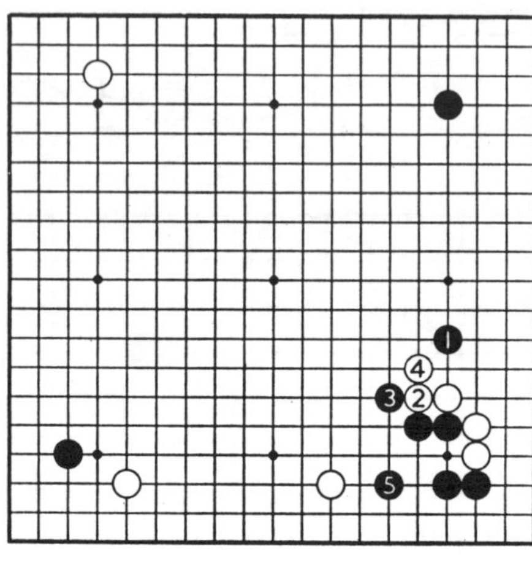

1도

2도 (참고) 흑1에 백2는 흑3의 철주가 부분적인 충분한 수이다. 백4에는 흑5가 좋다. 흑5까지 모양이다.

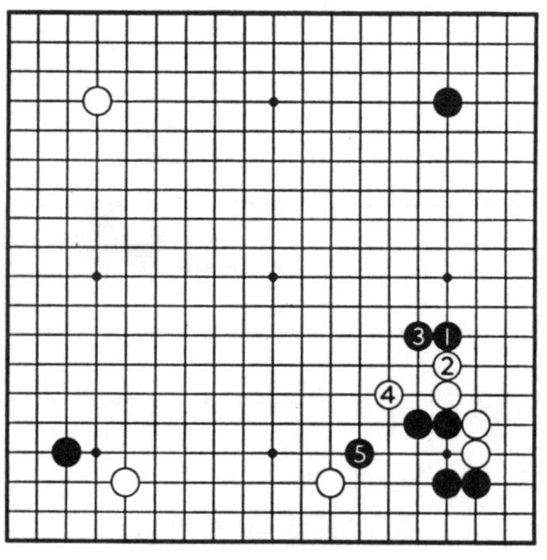

2도

제24문—상변이 하변에

백선

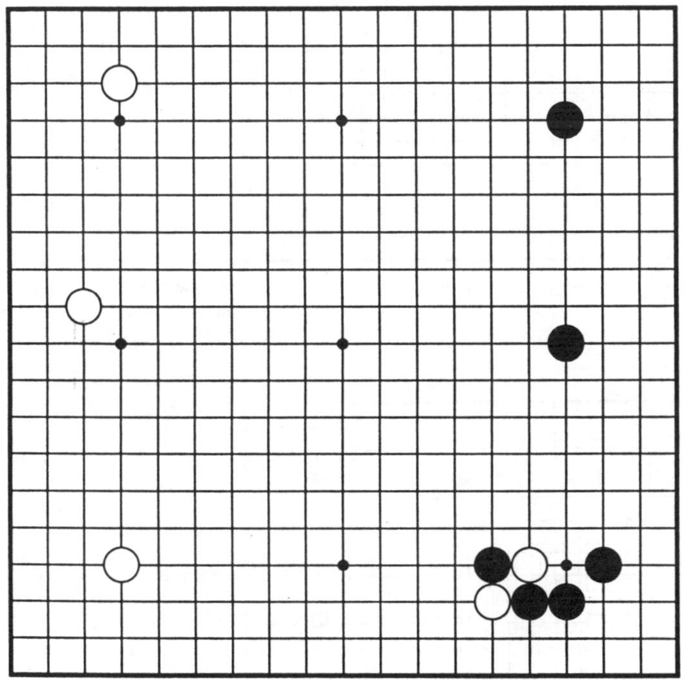

대세를 판별하는 문제로 생각을 많이 필요로 한다.

상변이나 하변의 어느 곳에 두어야 할까?

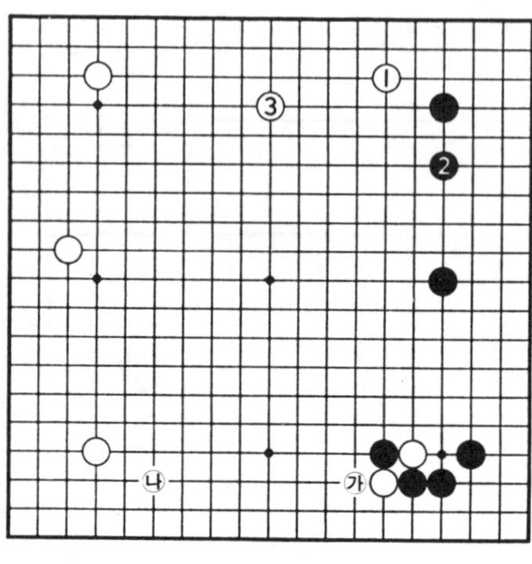

1 도

해답 넓은 감각

1 도 (정해) 백 1 의 걸침에 흑 2, 백 3 까지 일반적이다.

흑 ㉮로 하변 흑 1 점을 단수하는 것은 백이 ㉯의 곳을 달린다.

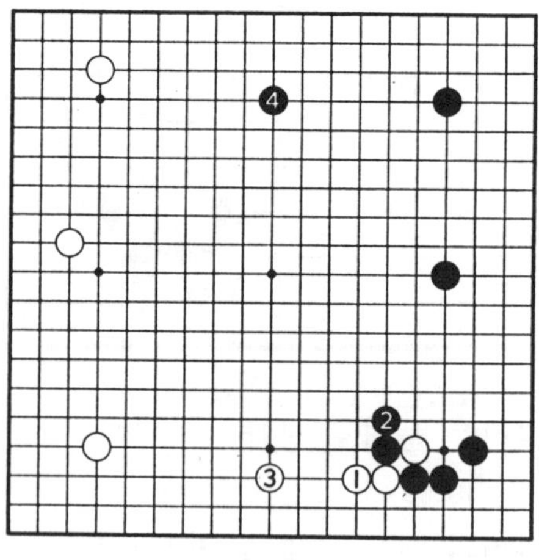

2 도

2 도 (참고) 하변을 두면 백 1 에서 3 까지. 이것은 흑 4 의 벌림이 절호점이 된다. 1 도와 2 도를 비교하여 보면 1 도의 넓은 감각이 좋다.

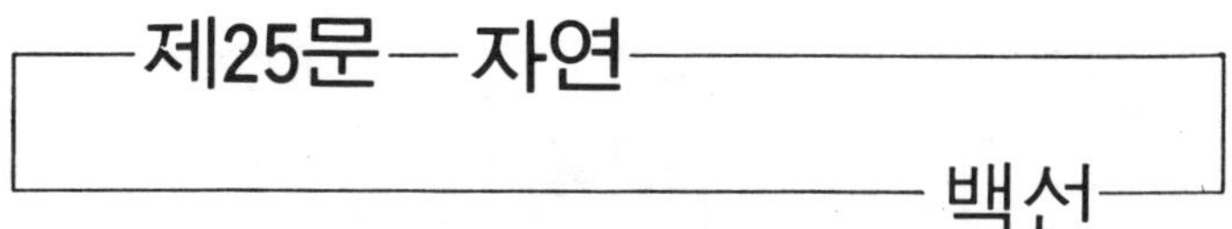

제25문 자연

백선

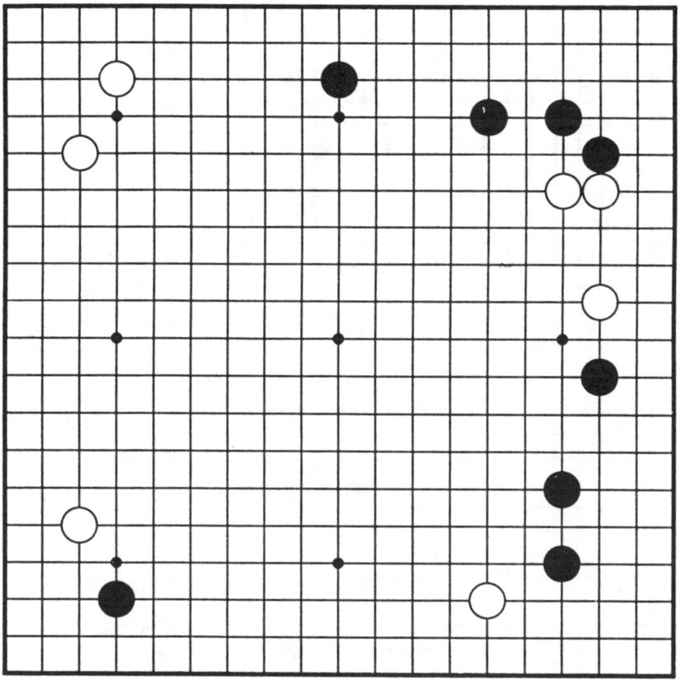

우하에 돌이 엇갈려 있는 모양이다.
백은 어느 곳에 착수하여야 할까.

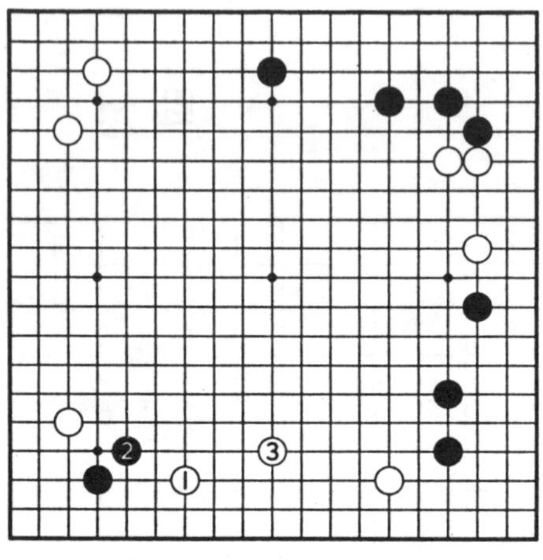

1 도

해답 모양을 구축

1 도 (정해) 백 1 의 협공. 다음 흑 2 의 마늘모 백 3 의 달림까지 상식적인 진행이다.

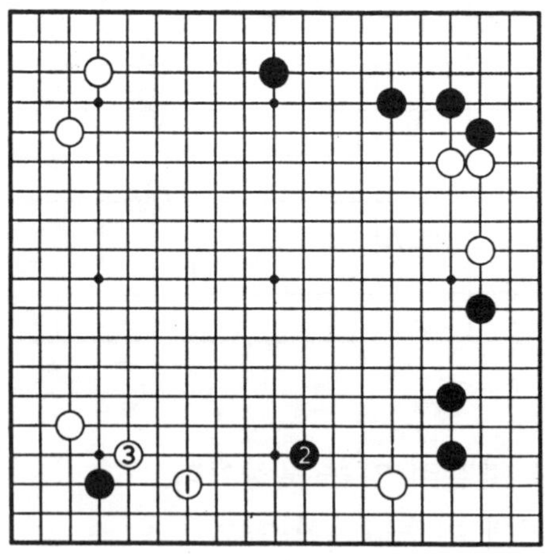

2 도

2 도 (참고) 백 1에 대하여 흑 2 는 백 3 으로 씌워 간다. 백이 두터운 모양이다. 본문의 모양에서는 흑은 1 이 온당하다.

제26문—면이 좋다

흑선

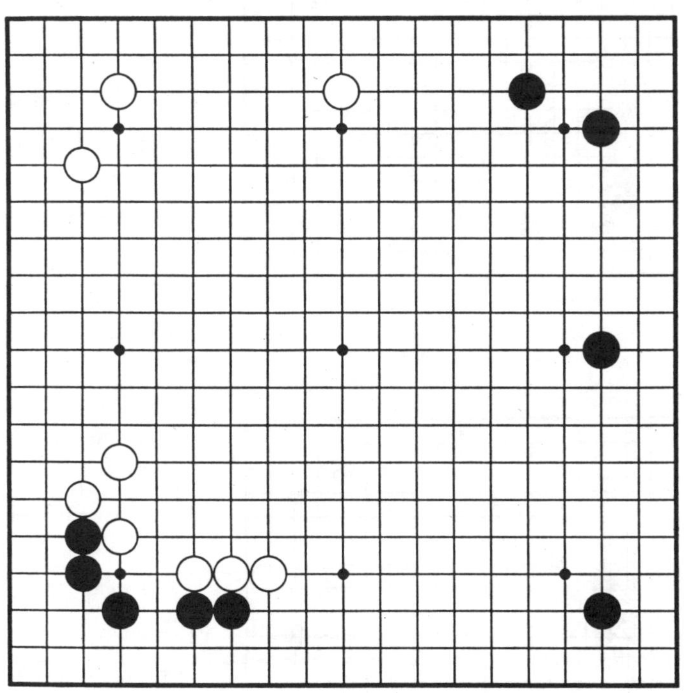

좌방에 큰 백모양이 있다.
이에 대하여 어떠한 침입수가 적당할까?

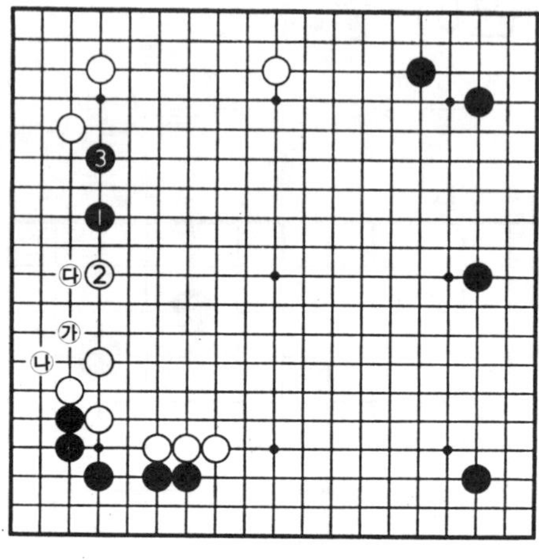

1 도

해답 높게 둔다

1 도 (정해) 하변에 벽이 두텁다. 흑 1 로 두는 것이 정착. 백 2 에는 흑 3 으로 어깨짚는 모양. 이 모양에서 흑 ㉮의 침입이 보인다. 백 ㉯에 흑 ㉰의 붙임이 있다.

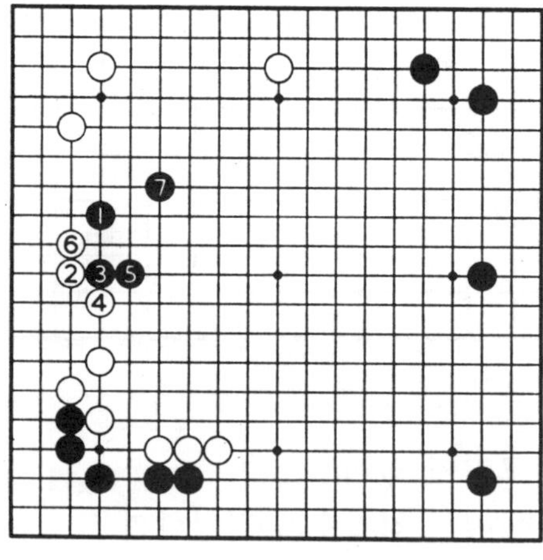

2 도

2 도 (참고) 흑 1 에 대하여 백 2 의 저위는 흑 3 의 붙여 뻗음이 있다.

흑 7 까지 모양이다.

바둑은 전국적인 관점을 항상 염두에 두어야 한다.

제27문—부심

흑선

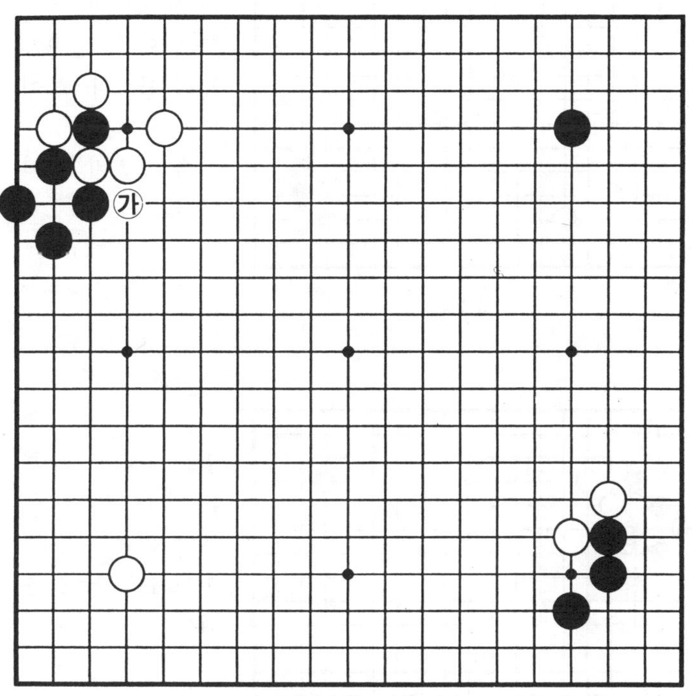

좌상의 정석은 흑㉮의 누르는 수가 본수이다. 그전에 둘 곳이 있다.

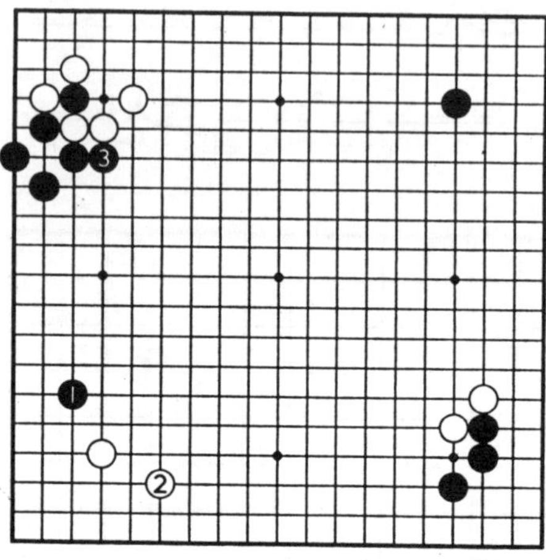

1도

해답 걸친다음에 누름

1도 (정해) 흑 1로 걸치는 것은 취향이다. 백이 2로 받으면 3으로 눌러 정석의 돌이 되돌아온다.

흑1, 3의 폭이 좋다.

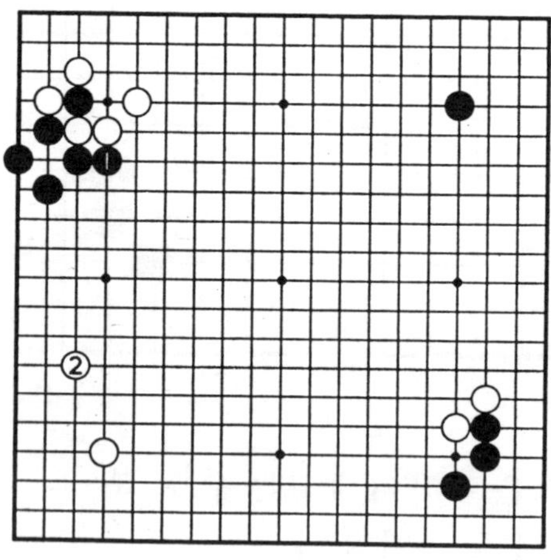

2도

2도 (참고) 흑 1로 단순히 누르는 것은 백2의 눈목자가 좋은 수다. 1도의 흑1, 3은 취향.

제28문 — 자재하다

흑선

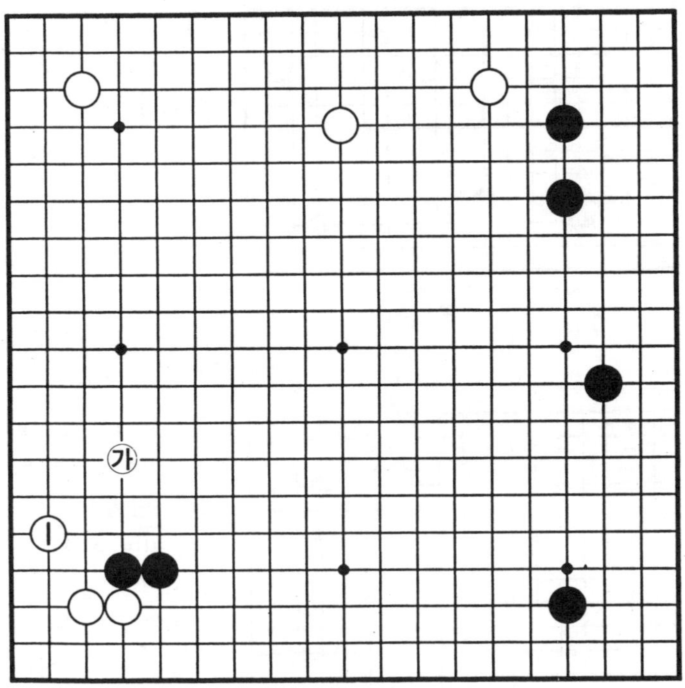

백 1의 달림은 3·3정석 후 기본적인 모양이다. 흑㉮로 두는 수가 정석인데 다른 방법은 없을까?

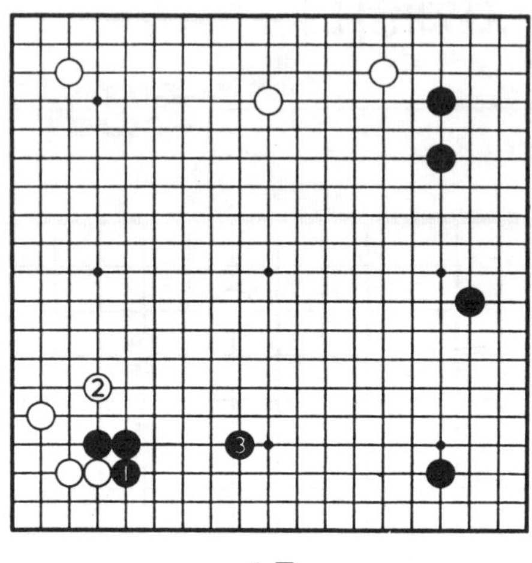

1 도

해답 내려서다

1 도 (정해) 흑 1 의 내려섬이 하변을 지키는 수다. 백 2 에 흑 3 까지.

우변에 흑모양이 생긴다.

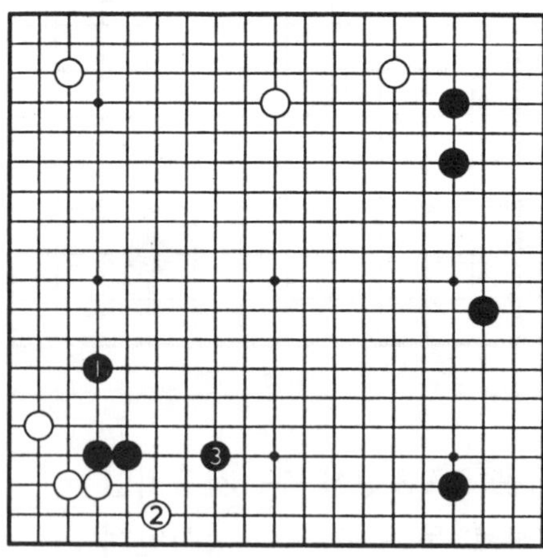

2 도

2 도 (참고) 흑 1 로 두는 것은 백 2 의 날일자.

그러면 흑 3 으로 둘 수밖에 없다.

최근의 실전에 나타나는 모양이다.

1 도는 우변과 관계된 취향이다.

제29문—겸손한 반발

흑선

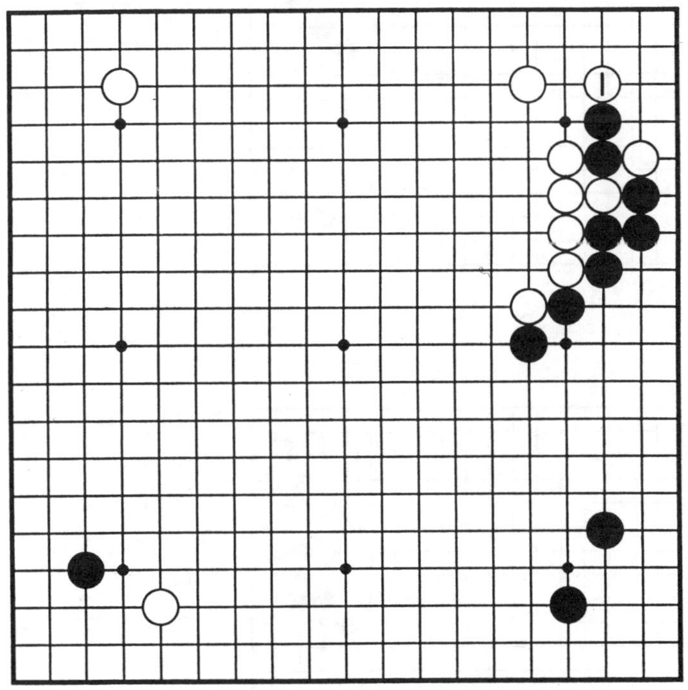

국면은 우상에 정석이 수습이 되어 있는 모양이다.

백 1 의 붙임에 대하여 겸손한 받음은 어떤 수일까?

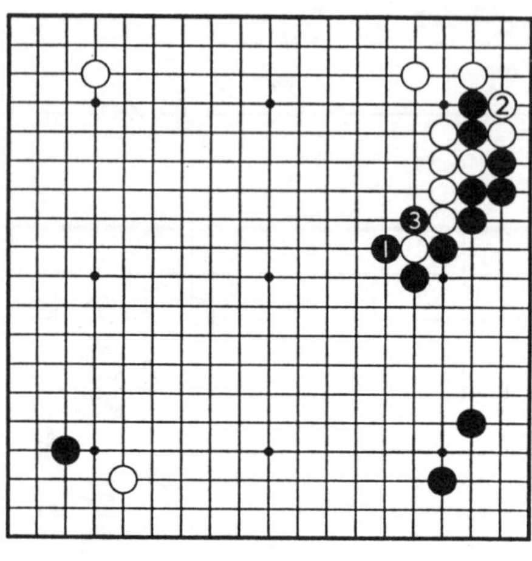

1 도

해답 반발

1 도 (정해) 흑 1에 두어 반발을 하는 수. 백이 2로 잡으면 흑3으로 때려서 우세다.

백2로 3은 2의 곳을 둔다.

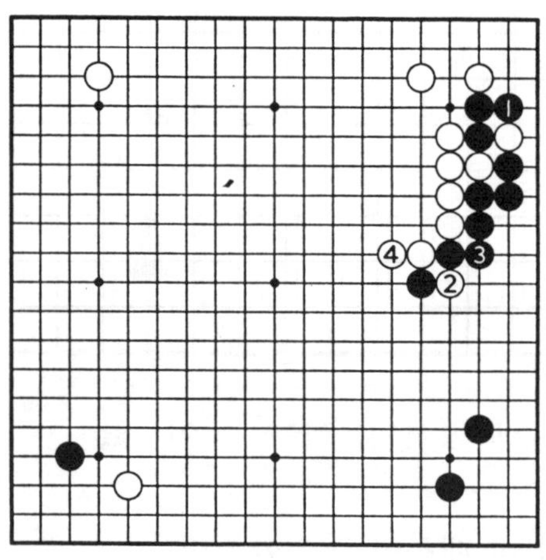

2 도

2 도 (참고) 흑 1로 두는 것은 백 2 단수 다음 흑3을 기다려 4로 뻗는다.

본도는 백의 수순이다.

백은 1도의 2로 3의 뻗음엔 2가 있다.

제30문 — 형선점(先占)

흑선

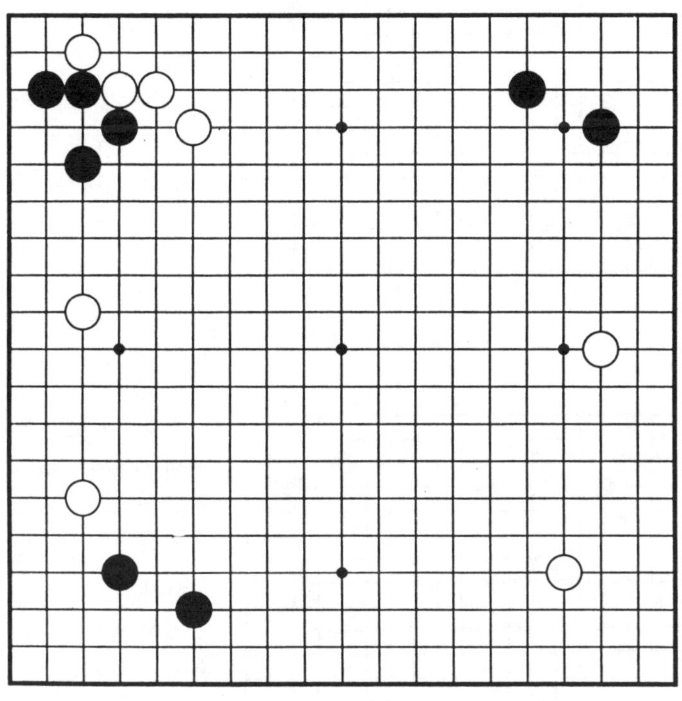

백의 좌변이 엷어 보인다.
직접 움직이는 수가 좋다.

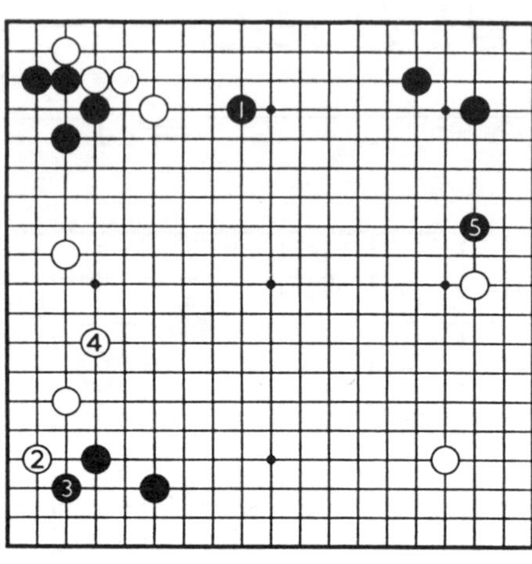

1 도

해답 **큰곳을 둔다**

1 도 (정해) 흑 1 로 상변의 큰곳을 두는 것이 좋다. 그 다음 좌변에 둔다.

백은 2, 4 로 지킨다. 흑 5 로 되어 우상변 일대가 웅장하다.

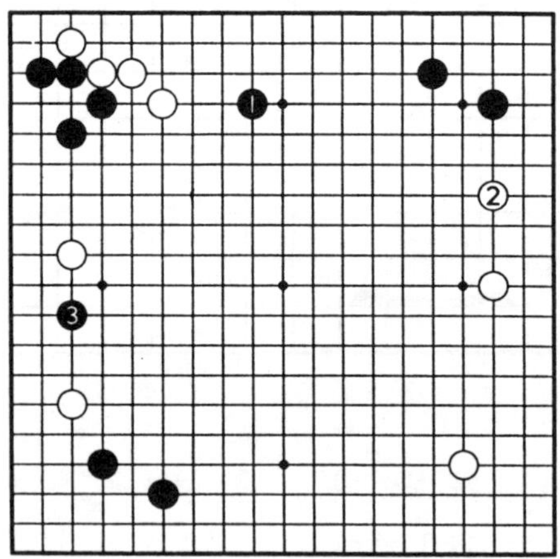

2 도

2 도 (참고) 흑 1 에 대하여 백이 2 로 벌리는 것은 흑 3 의 침입이 강렬하다.

흑이 유리한 싸움이 전개된다.

제 2 편

공부하는 포석

본편에서는 앞에서 둔 돌을 관계하여, 돌의 방향 등을 결정하는것 등이다. 상당히 취향이 요구된다. 포석은 아주 자그마한 것이라고 해도 공부하여 나간다면 즐겁다. 문제의 국면을 생각하고 촛점이 되는 때를 어느 정도 예측하거나 생각해 보자.

제31문—단조

흑선

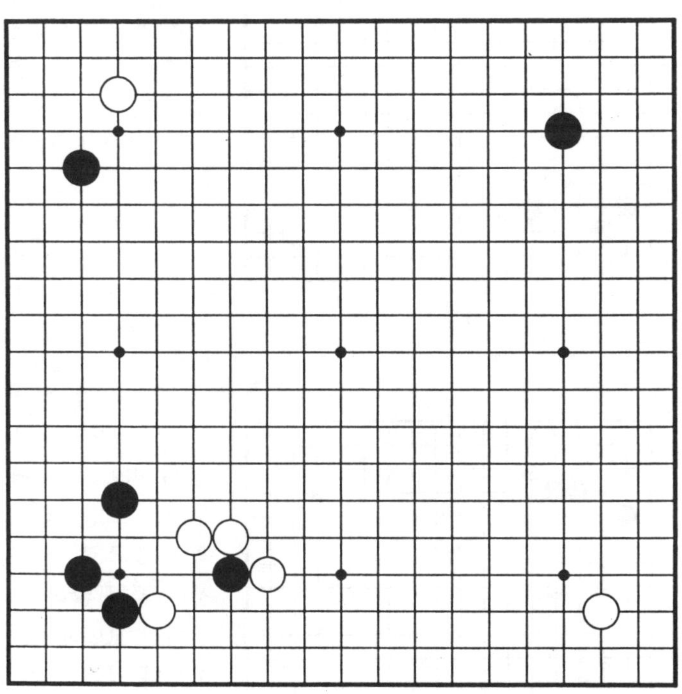

흑은 상당히 단조로운 국면이다.

우변이나 상변 어느 곳에라도 두어야 하는데 어느쪽일까?

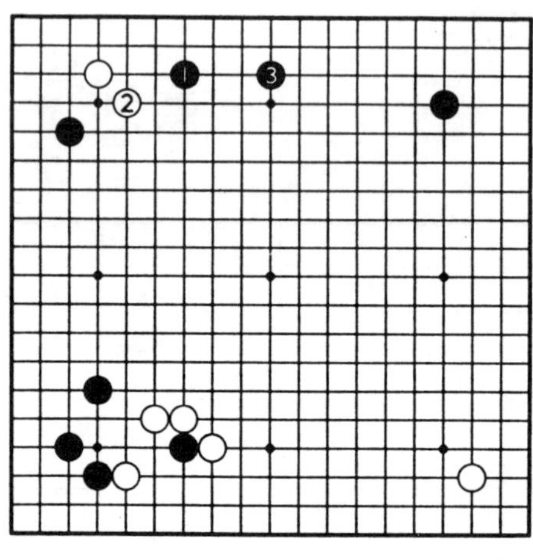

1도

해답 협공과 벌림

1도 (정해) 상변에 전개를 하는 수가 알기쉽다. 흑 1의 협공에서 3의 협공까지의 수법이다. 이것은 지극히 간단한 수법이다.

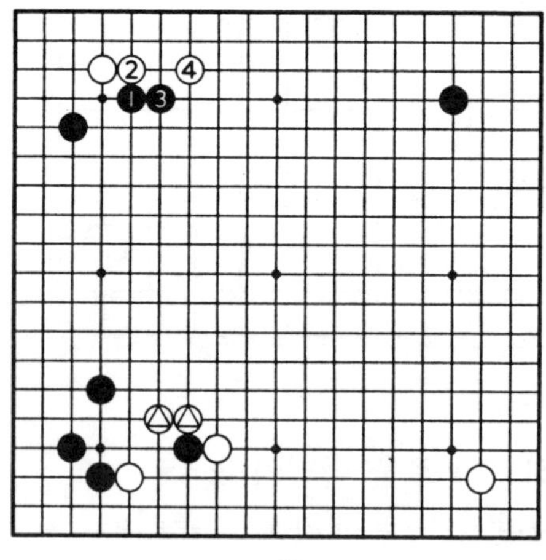

2도

2도 (참고) 백 △의 벽이 있어 두터운 모양이다. 흑1, 3으로 미는 것은 좋지 않다.

이런 모양에서는 1도와 같이 둔다.

제32문—보통의 수를

흑선

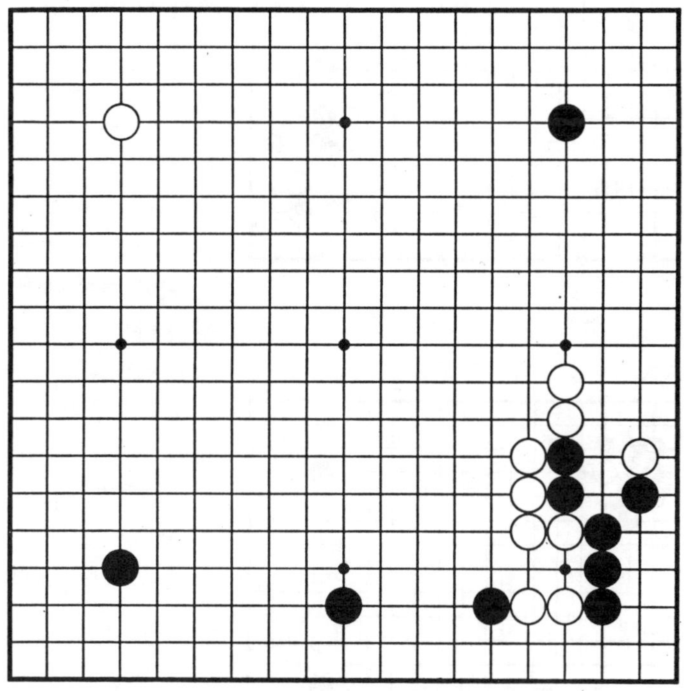

이런 모양에서는 보통의 착상이 좋다.

어느곳에 두어야 할까? 생각을 필요로 하는 곳이다.

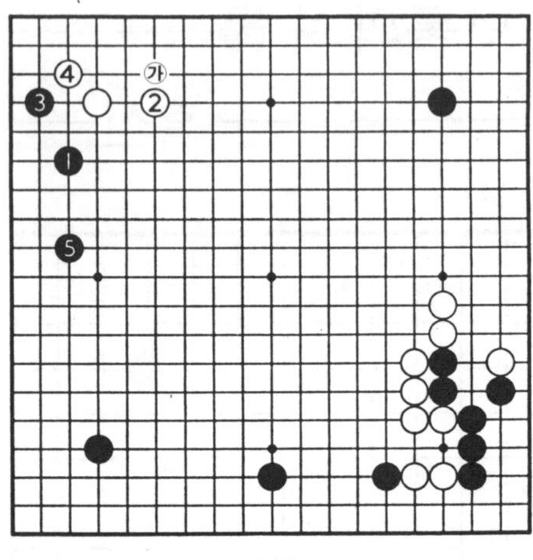

1도

해답 **평범함**

1도 (정해) 흑 **1**의 걸침에 백**2**라면 흑**3**에서 **5**까지 평범한 정석이다.

여기서 걸침의 방향을 ㉮의 곳으로 하면 흑**1**로 된다. ㉮의 방향은 좋지 않다. 흑**5**까지 되어 흑의 세력이 좋다.

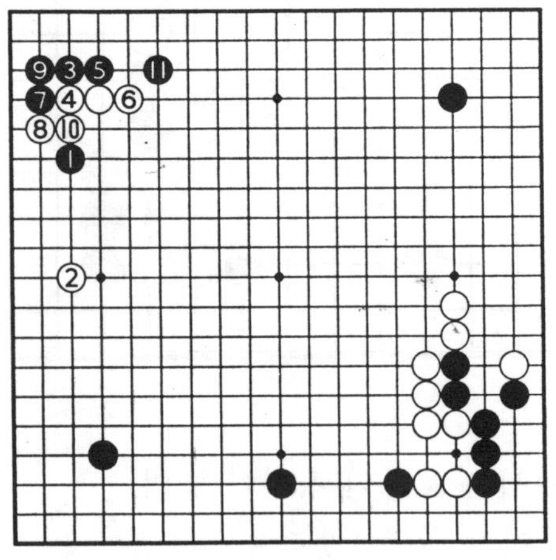

2도

2도 (참고) 흑 **1**에 백**2**는 흑**3**의 3·3의 침입이 있다. 흑**11**까지 실리를 빼앗아버린다.

제33문 — 포석의 종말

흑선

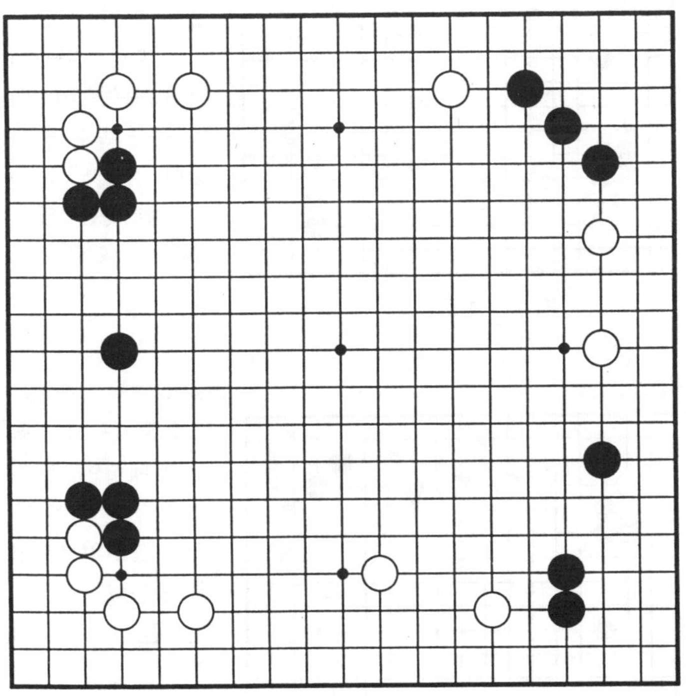

국면은 포석단계의 종말에 해당이 된다.
최후의 큰곳은?

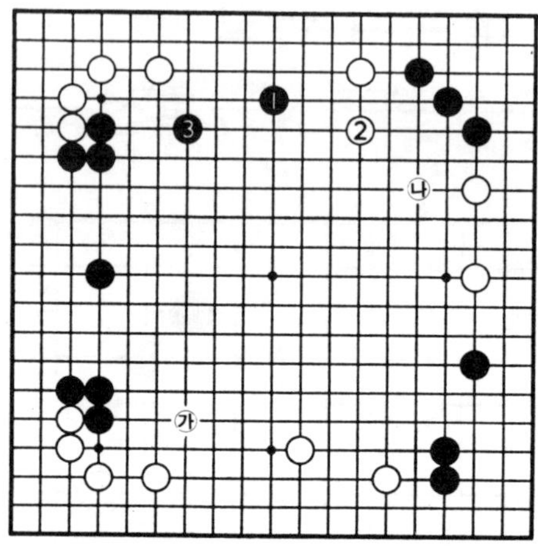

1 도

해답 공격하여 대모양을 만든다

1도 (정해) 상변 흑1의 협공. 백2로 뛰면 흑3으로 둔다. 다음에 ㉮로 두는 수나 ㉯의 곳을 두는 수가 좋다.

이런 곳은 맞보기.

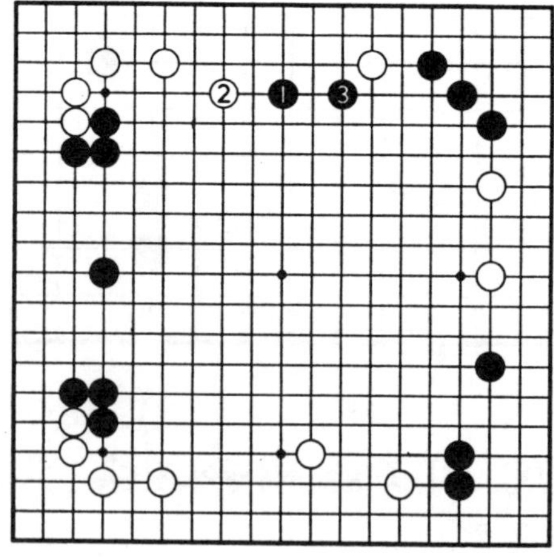

2 도

2도 (참고) 흑1에 대하여 백이 2로 두면 흑은 3으로 상변의 한점을 잡는다.

백은 1도를 선택함이 좋다. 본도는 상변의 집이 커서 흑우세.

제34문 두터움을 이용

백선

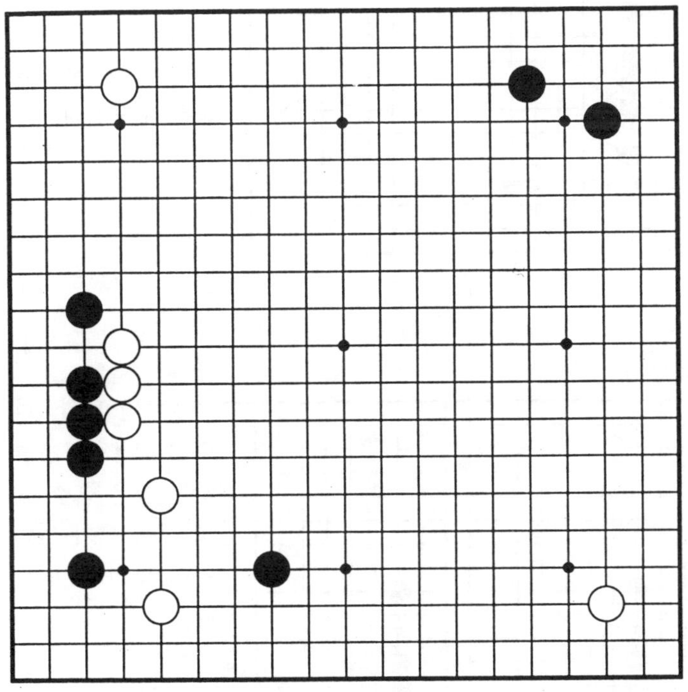

하변 좌하에 백이 두터운 모양이다.

여기에서 생긴 두터운 길을 이용하여 상변의 흑 1 점을 공격하는 것은 당연하다.

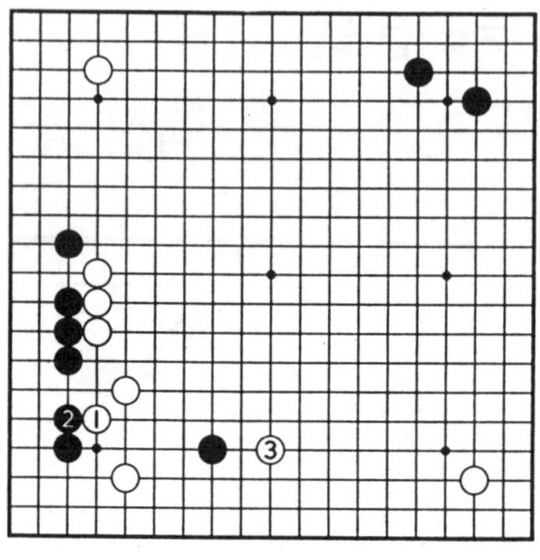

1 도

해답 한칸 협공

1도 (정해) 백 1로 마늘모하여 흑 2를 응수시키고 3의 곳을 협공한다.

여기에서 백 1은 좋은 수순이다.

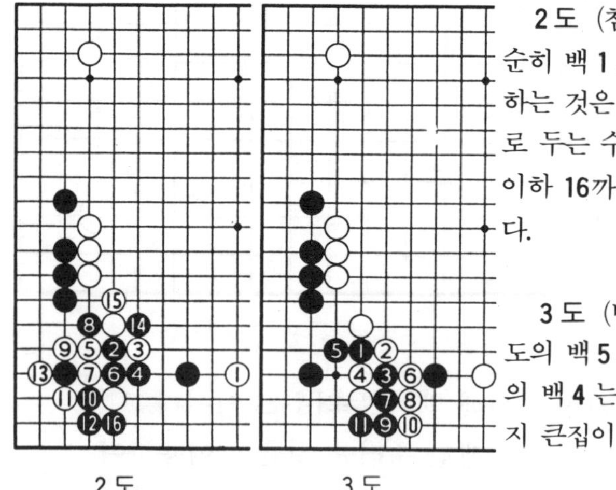

2 도 3 도

2도 (참고) 단순히 백 1로 협공하는 것은 흑 2, 4로 두는 수가 있다. 이하 16까지 변한다.

3도 (변화) 2도의 백 5로 본도의 백 4는 흑 11까지 큰집이 난다.

제35문—도피하여 나가다

흑선

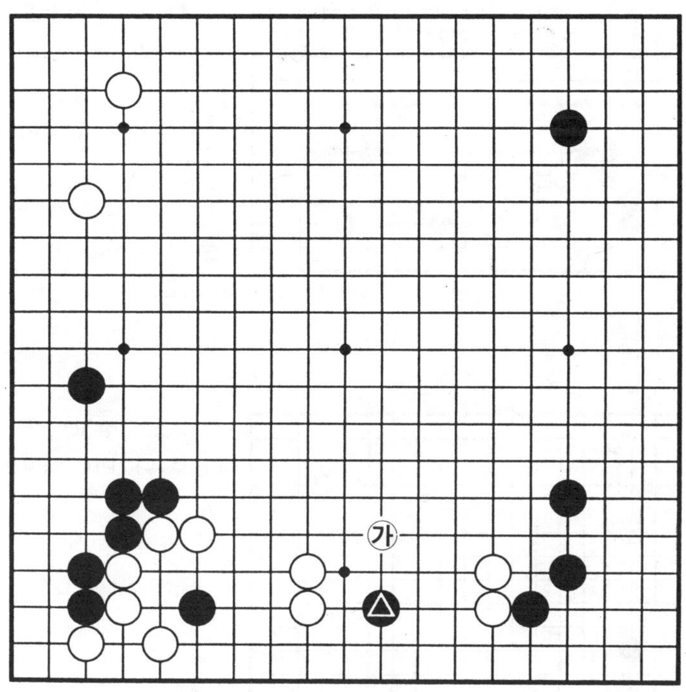

국면을 보면 하변에 흑▲표 한점이 탈출하는 것이 관건이다.

㉮의 곳이 눈에 보이는데 어떨까?

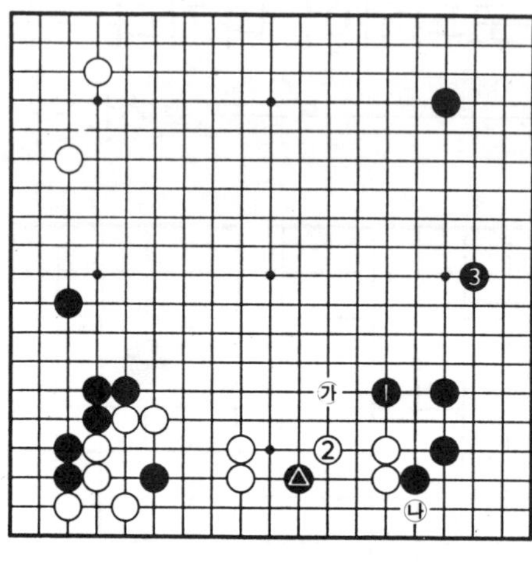

1도

1도 (정해) 한 점을 직접 나가는 것은 득책이 아니다. 흑1로 두어 흑▲표를 사석으로 이용하는 것이 요령이다. 백2에는 흑3이 큰곳이다. 나중에 ㉮, ㉯의 곳에 두어 흑▲표를 이용한다.

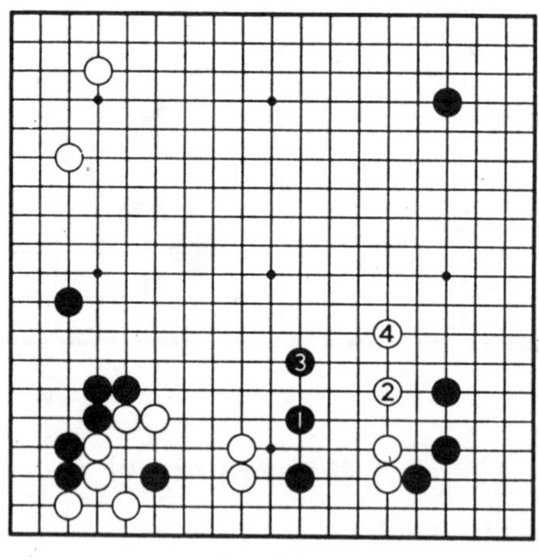

2도

2도 (참고) 흑1로 나가면 백2, 4로 되어 흑 일단이 약하다.

흑이 좋지 않다.

제36문—입체적

흑선

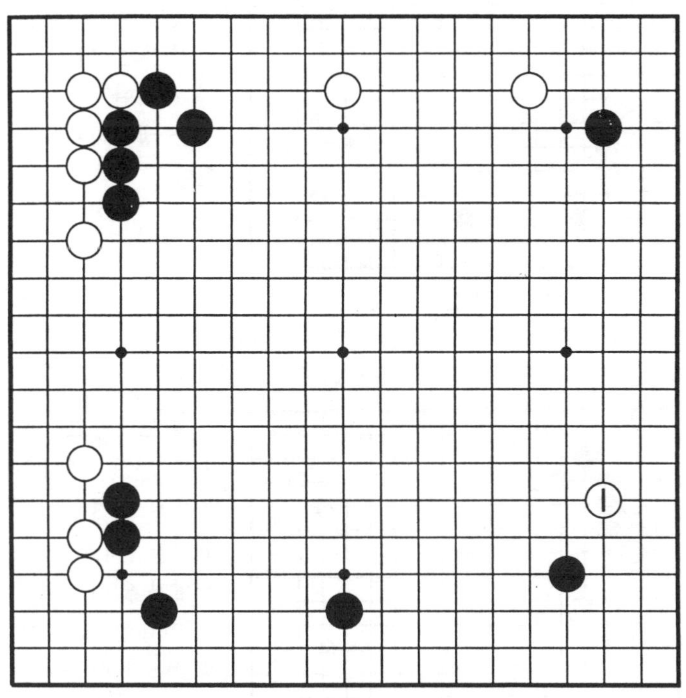

백 1 의 걸침에 대하여 흑이 두는 방법. 하변의 흑에 대하여 어떻게 두어야 입체적이 되겠는가.

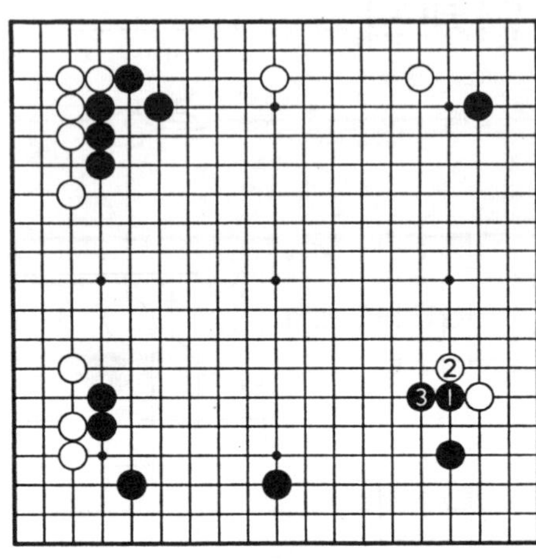

1도

해답 붙여 뻗음

1도 (정해) 흑 1, 3으로 붙여 뻗는다. 하변의 모양이 넓고 견고하다. 초보자는 어느 때가 유력한 시기인가를 생각하여야 한다.

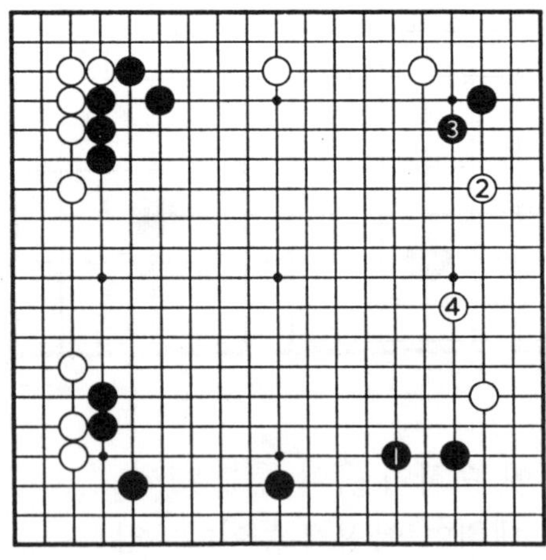

2도

2도 (참고) 흑 1로 한칸 벌림은 백 2로 흑 3을 응수하고 4까지의 전개가 있다. 포석의 미묘한 감각이 생각나게 하는 곳이다.

제37문—여러 수가 있는 곳

흑선

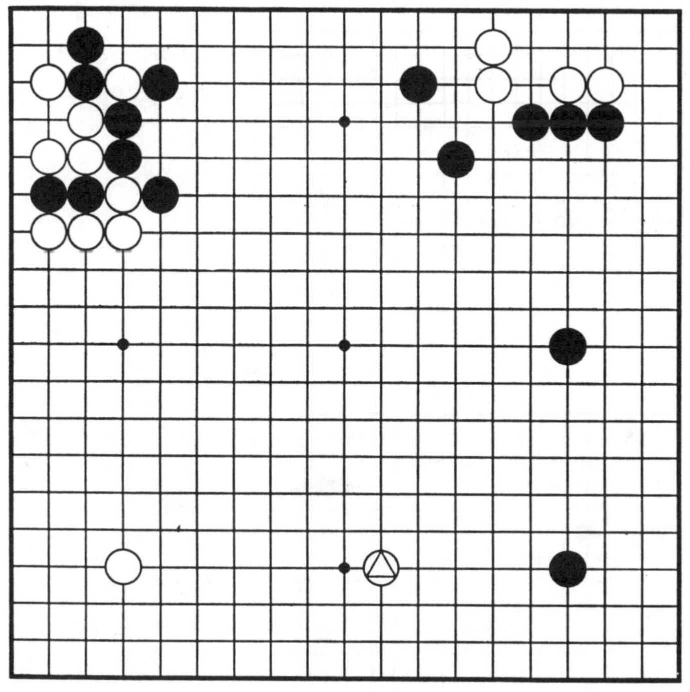

좌변에서 생긴 흑 모양이 좋다.

좌변에서 백 모양이 백△표로 전개가 되어 있다. 벌림이 너무 넓어서 여러가지의 수가 있는 곳이다.

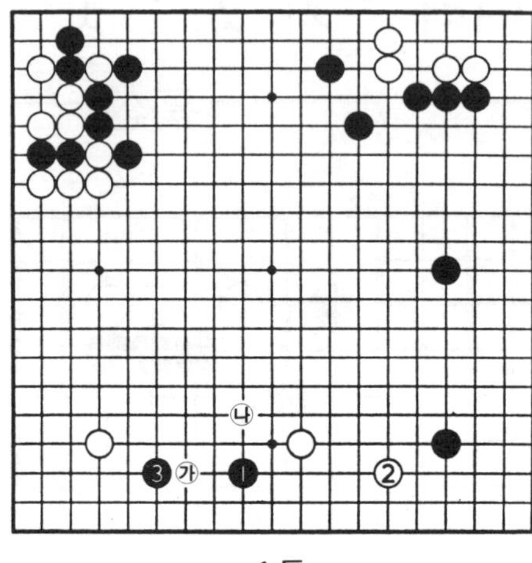

1 도

해답 침입

1도 (정해) 이런 침입 방법을 생각해 보자. 흑 1의 침입. 백 2에는 흑 3으로 전개하여 안성맞춤이다. 백 2로 ㉮에 두면 흑은 ㉯의 곳을 둔다.

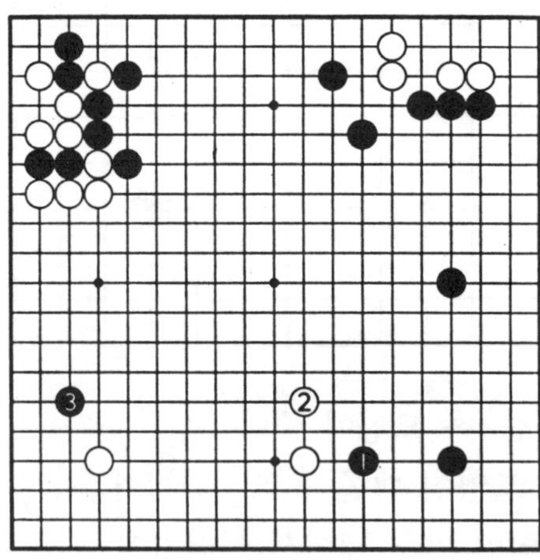

2 도

2도 (참고) 흑 1에 대하여 백 2의 뜀.

그러면 흑 3으로 걸치는 수가 있다. 그러나 이것은 백이 두터워 1도가 무난하다.

제38문—호점 두곳

백선

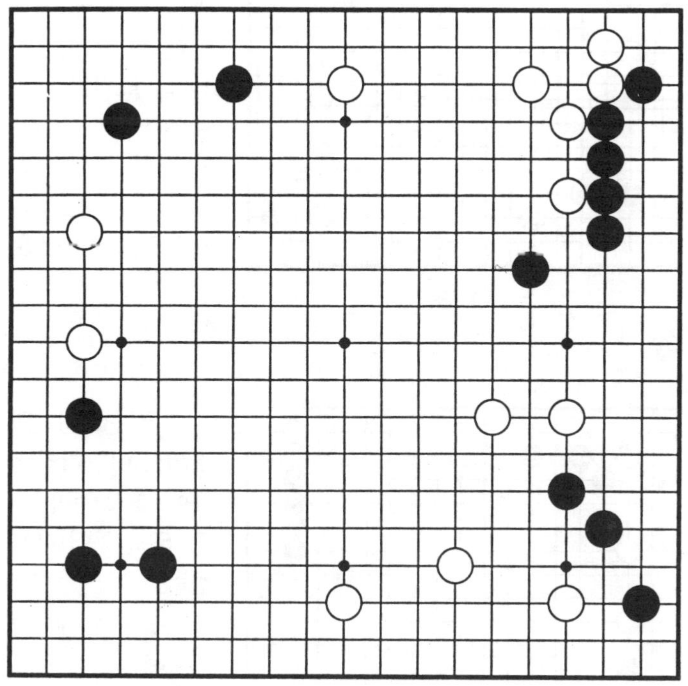

이런 국면에서는 두 곳에 호점이 있다.
어느 곳일까?

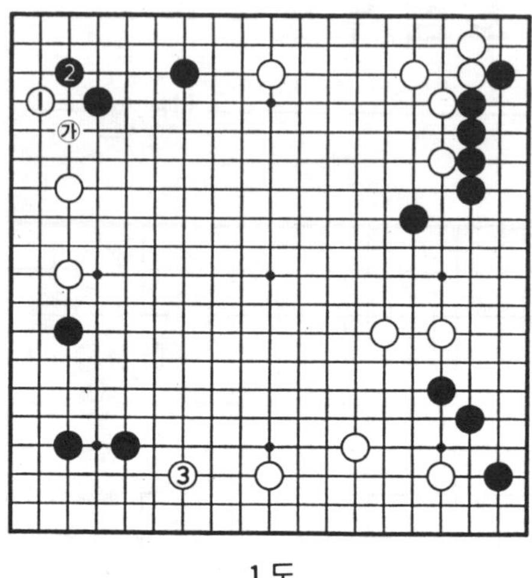

1 도

해답 미끄러짐

1도 (정해) 백 1의 미끄러짐이 크다. 여기에서 반대로 흑이 ㉮의 곳 마늘모를 하면 집이 크다. 백 2점을 공격하는 절호점이 된다. 백 1에 흑이 2로 받으면 백 3으로 큰곳을 둔다.

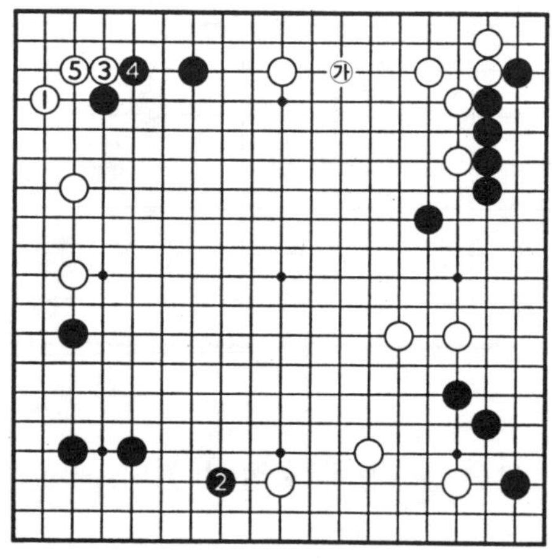

2 도

2도 (참고) 백 1의 미끄러짐에 흑이 2로 두면 백 3, 5로 두어 타개한다.

흑돌이 약해졌기 때문에 ㉮로 침입을 할 수가 없다.

제39문 — 타개점

백선

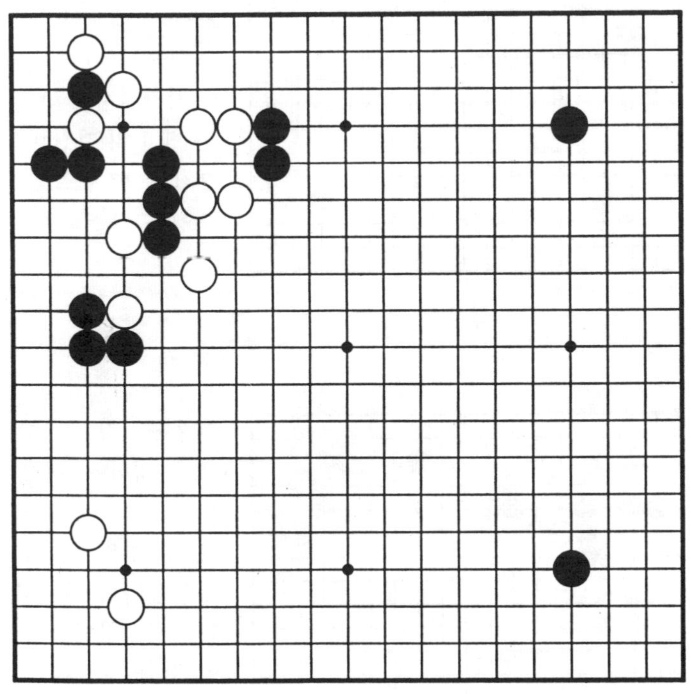

국면은 좌상의 정석이 일단락이 되어 있는 형태다.

백은 어느 곳을 두어야 할까?

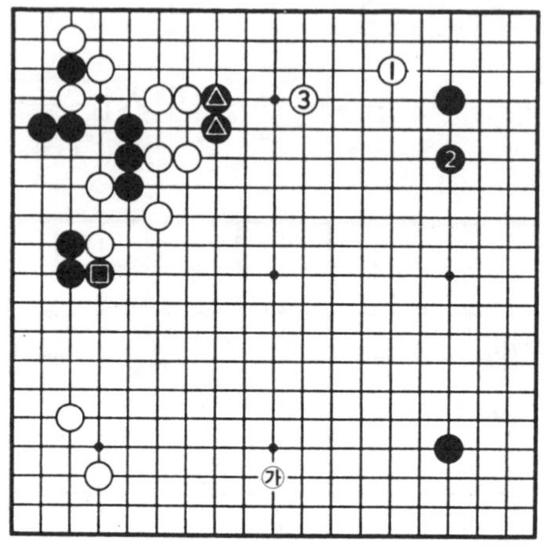

1 도

해답 상변의 걸침

1도 (정해) 하변의 ㉮는 큰곳이다. 흑▲표가 있기 때문에 이곳은 매력이 없다.

여기에서는 상변 백 1의 걸침. 흑 2에는 백 3으로 모양을 갖춘다.

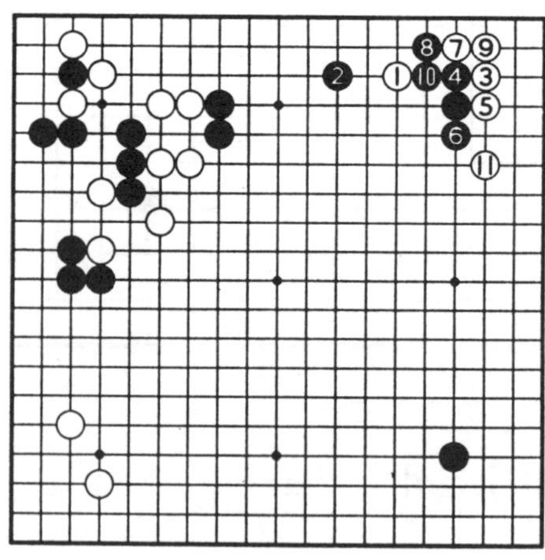

2 도

2도 (참고) 백 1에 대하여 흑 2의 협공은 백 3으로 3·3을 침입한다. 실리가 바뀐다. 11까지 정석이다. 이 결과 상변에는 흑집이 생기고, 우변에 흑세력이 분산되어 백이 충분하다.

제40문—함축성

흑선

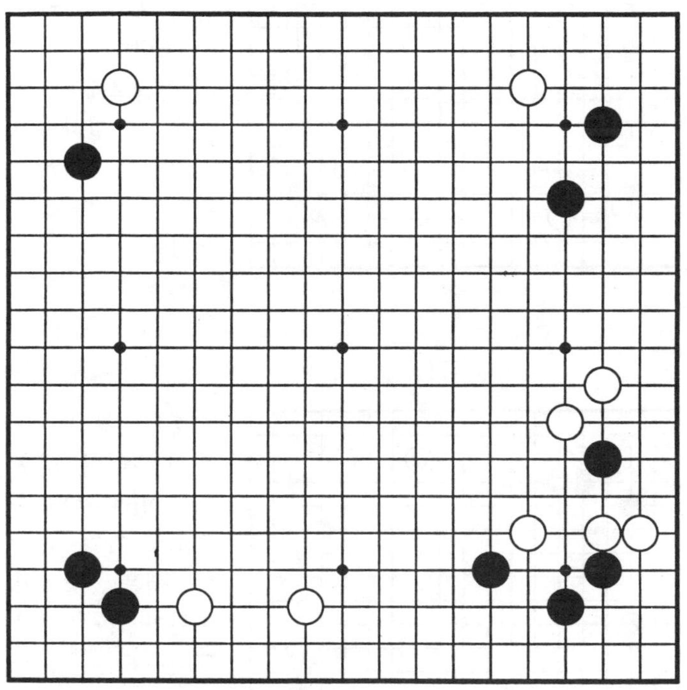

우하의 흑은 마늘모 하여 날일자 된 다음에 손을 뺐다.

좌변과 상변을 연결하는 함축성 있는 수는 어디다 두어야 할까?

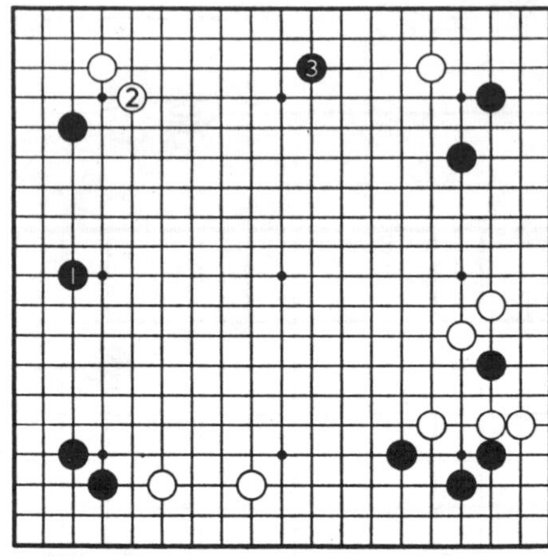

1도

해답 씌움을 보는 좌변의 큰곳

1도 (정해) 흑1로 좌변을 둔 다음에 2의 곳 씌움을 노린다. 백2의 마늘모에는 흑3으로 갈라쳐서 공격한다. 좌변과 상변을 다 둔 모양이다.

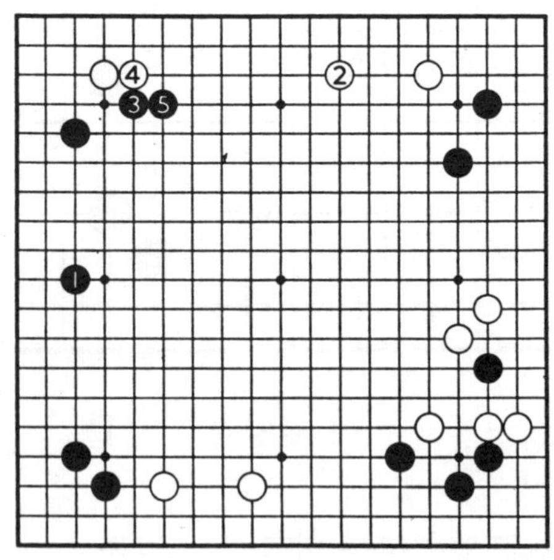

2도

2도 (참고) 흑1에 대하여 백2로 상변을 두면 흑3으로 씌워 나간다. 백은 상변이 저위가 되어서 나쁘다. 흑은 충분한 모양이다.

제41문—형(形)

흑선

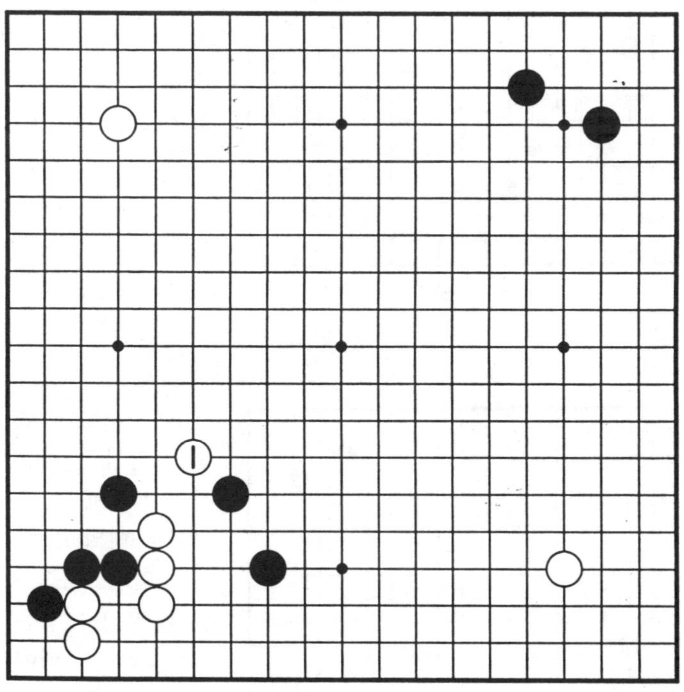

백이 날일자로 나간 모양이다.

흑의 3수 정도를 표시하라. 정석 다음을 효과있게 응용하는 모양이다.

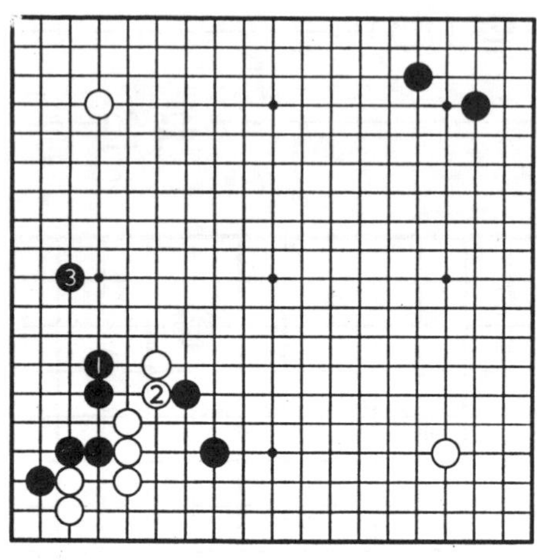

1 도

해답 뻗음

1 도 (정해) 흑 1 의 뻗음이 모양이다. 백 2 에는 흑 3 의 지킴까지. 흑 1 의 수는 초급자와 두기는 상당히 어려운 수이다.

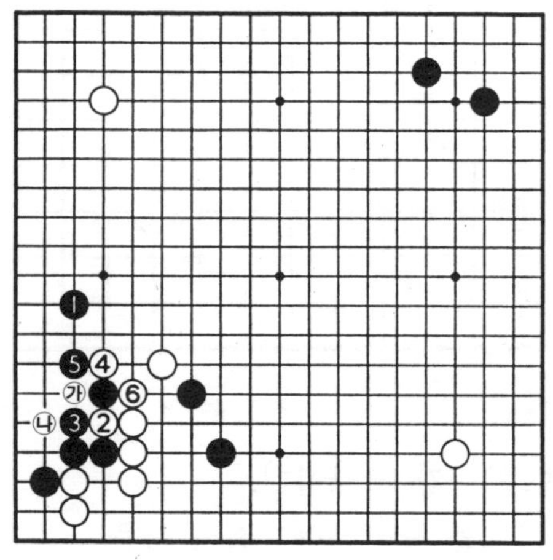

2 도

2 도 (참고) 흑 1 로 직접 벌리는 것은 백 2 에서 6 까지로 백의 모양이 두텁다. 흑 3 으로 ㉮의 곳 뻗음은 ㉯의 끊는 맥이 남는다. 백 2 , 4 가 좋은 수. 1 도의 흑 1 은 급소다.

제42문—좌변에 두는 방법

흑선

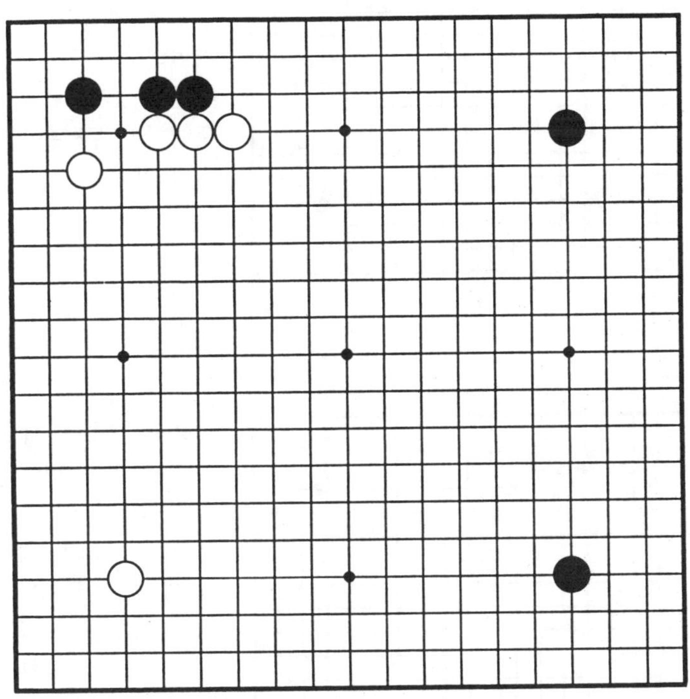

문제는 좌변인데 두는 방향이 문제다.
이전에 좌변에 둘 수는 없었을까.

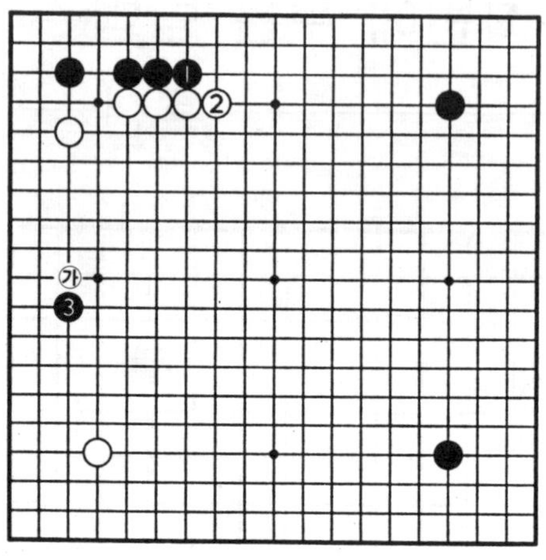

1도

해답 뻗고 갈라침

1도 (정해) 흑 1로 한번 더 미는 것이 좋은 수. 흑 3으로 좌변을 갈라친다. 흑 ㉮도 마찬가지로 상변이 두텁지만 두터운 벽에 가깝다.

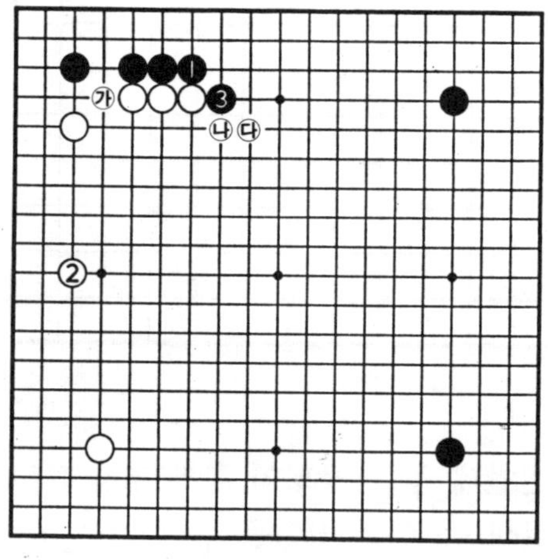

2도

2도 (참고) 1도 백 2의 벌림엔 흑 3으로 머리를 젖힌다. ㉮의 맥이 있다. 흑 3의 젖힘은 3점 머리의 급소. 계속하여 ㉯의 젖힘엔 ㉰의 2단 젖힘이 있다.

제43문—우변에 두는 방법

백선

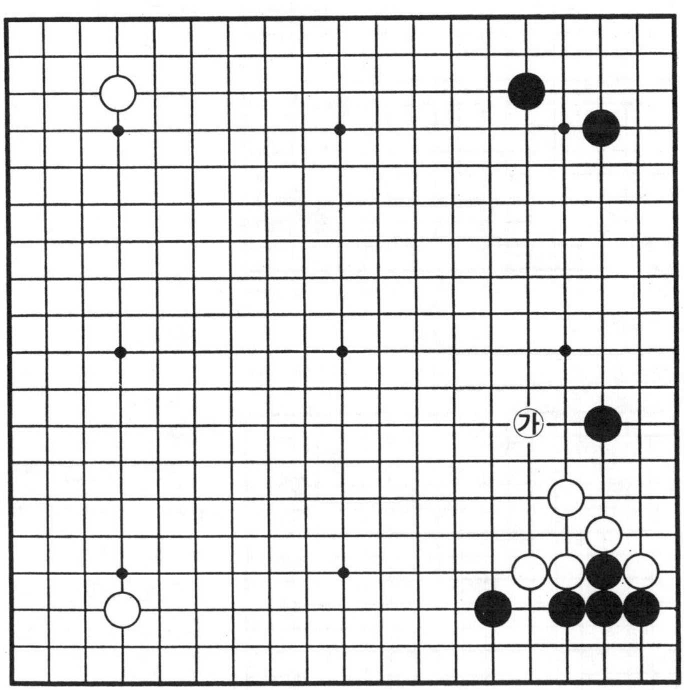

넓은 국면이다.

흑에서는 ㉮의 곳 뜀이 절호점이다.

어느 곳에 두어야 할까?

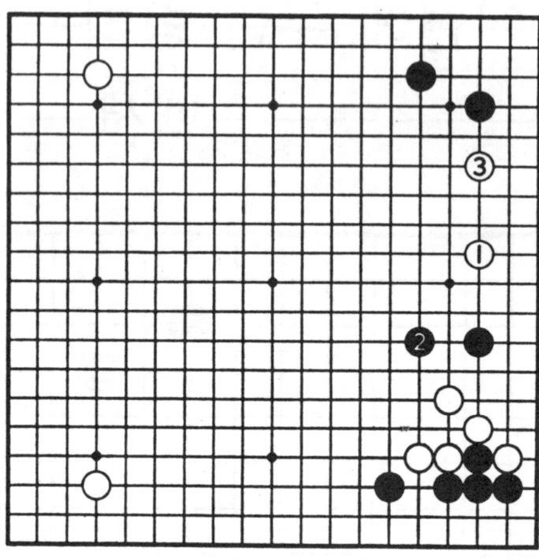

1도

1도 (정해) 백 1에 두는 것이 맞보기의 좋은 수. 흑 2에는 백 3으로 안성맞춤이다. 하변의 약한 돌을 공격한다.

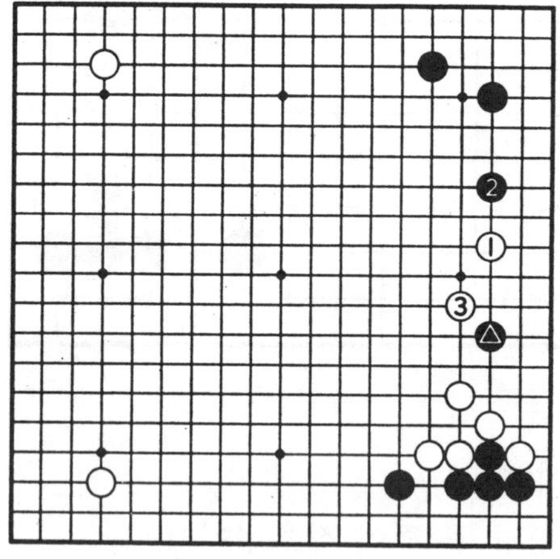

2도

해답 갈라침

2도 (참고) 백 1에 대하여 흑 2의 다가섬에는 백 3으로 씌워 흑▲표를 잡아 충분하다. 1도의 갈라침에 백은 승부를 건다.

제44문—계속

백선

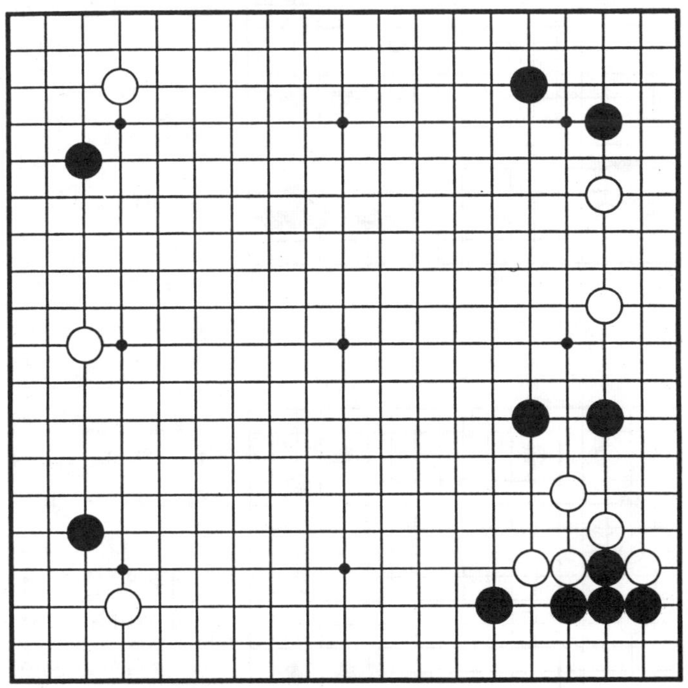

앞문제의 진행된 모습이다.

좌변에 대하여 백이 어떻게 두어야 할까?

두는 방법은?

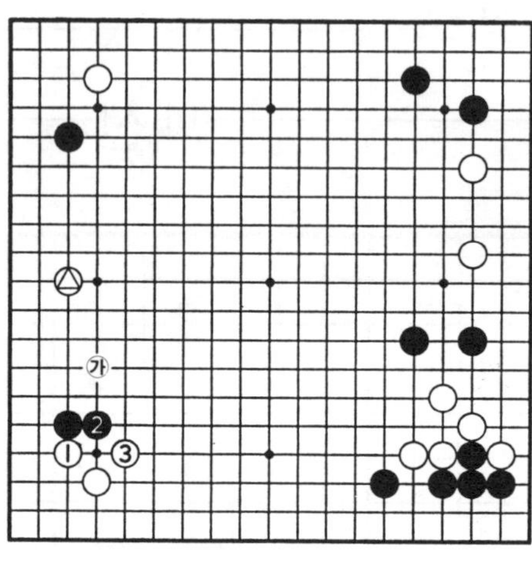

1도

해답 마늘모 붙임

1도 (정해) 백 1로 마늘모 붙임하여 근거를 빼앗는 수. 흑을 무겁게 하여 공격한다. 흑2에는 3이 좋은 수. 모양이다. 다음 백은 ㉮의 곳을 공격한다.

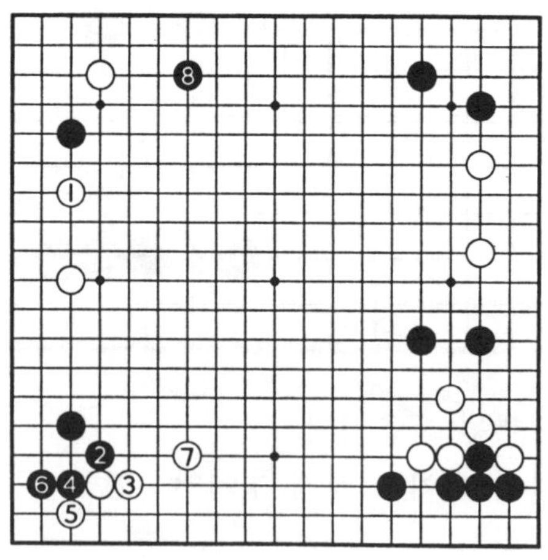

2도

2도 (참고) 백 1로 움직이는 것은 흑2에서 6까지 된 다음 8로 양협공을 한다. 1도의 근거를 빼앗고 공격하는 것이 좋다.

제45문—필쟁점

백선

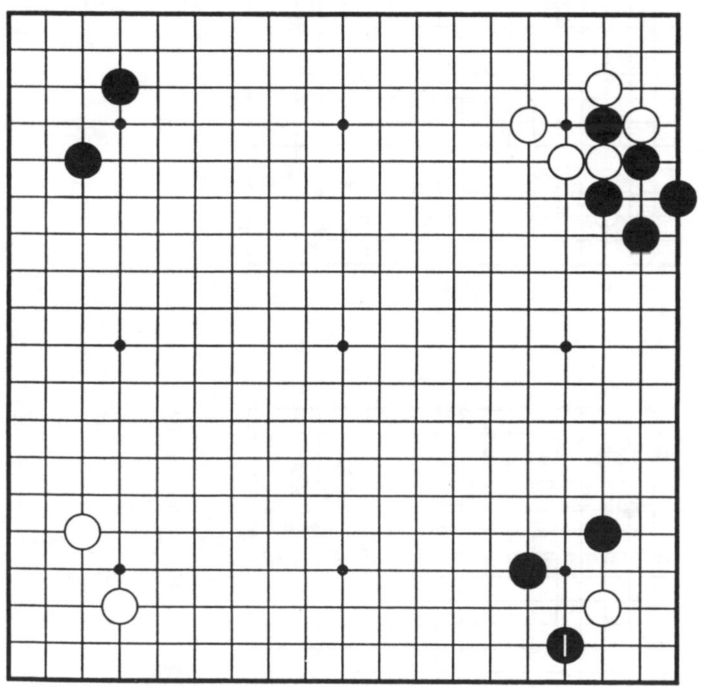

국면은 흑 1 로 우하의 백 1점을 포획하고 있다.

백선으로 두어야 할 곳은?

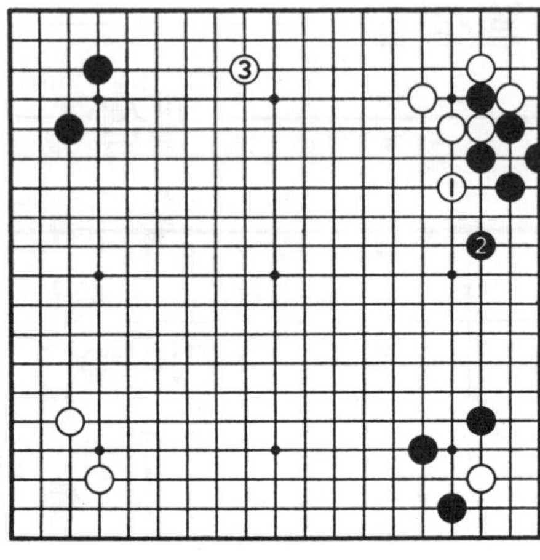

1 도

해답 씨움과 벌림

1 도 (정해) 백 1 로 두어 우변을 제한한다. 흑 2 에 상변을 둠이 크다. 흑 2 로 상변을 두면 백은 2 의 곳을 달린다.

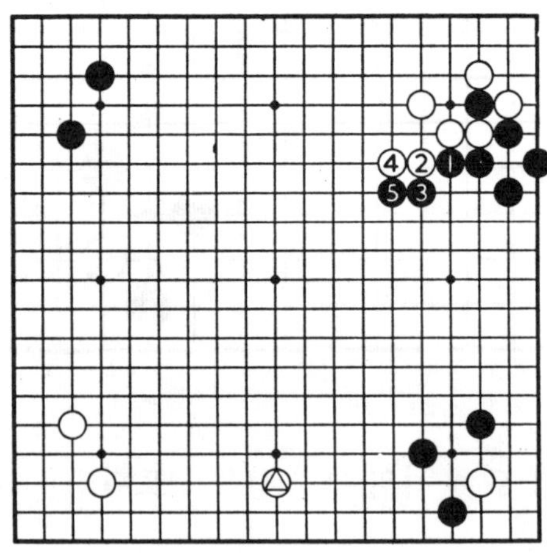

2 도

2 도 (참고) 백 △ 표가 있다면 흑 1 로 미는 것이 호점이다. 백 2 에는 이상 3, 5까지 되어서 흑의 우변폭이 크다.

제46문—보통의 수

흑선

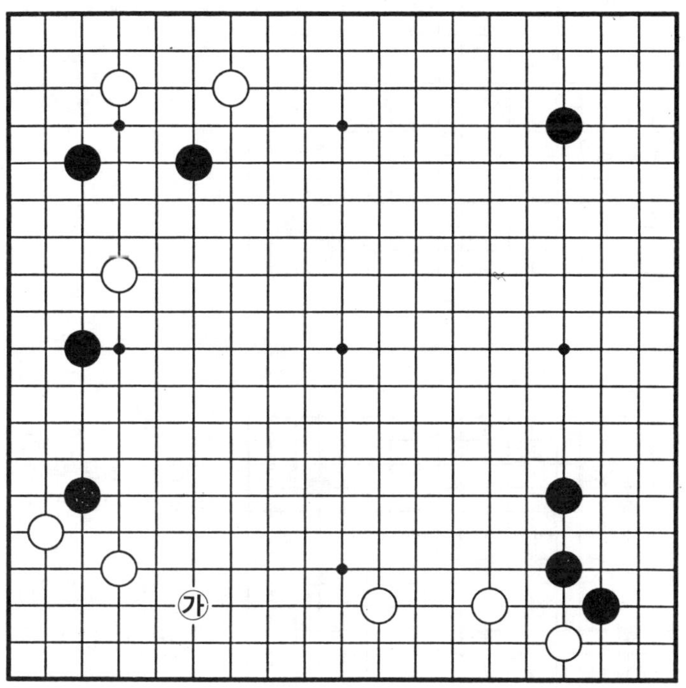

우하에 아직 결정되지 않는 곳이 있다. 흑에서 ㉮방면에 두는 것이 좋을 법한데 어디일까?

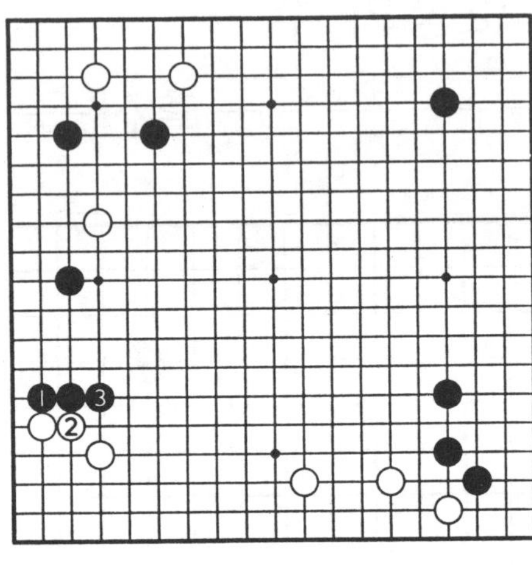

1도

해답 내려섬

1도 (정해) 흑 1의 내려섬이 하변의 안정을 취하는 수. 백2에 흑 3. 일견 보통의 수이다. 다음 좌변의 1점을 공격한다.

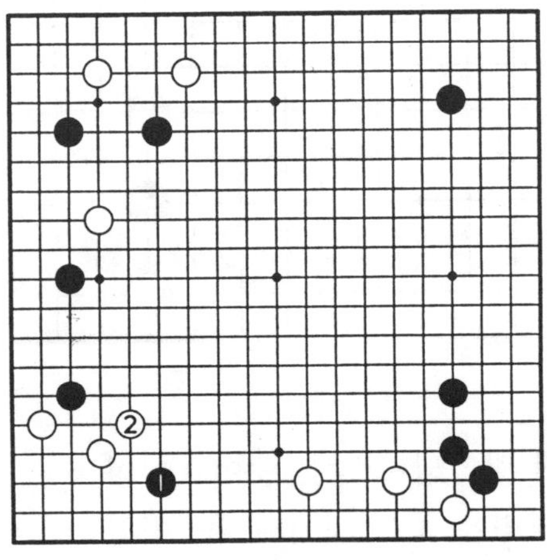

2도

2도 (참고) 흑 1은 백2로 되어 국면이 다양화 된다. 우하변의 배치로 보아 미궁이다. 배치로 보아서 본도의 흑 1은 좋지 않다.

제47문—양쪽을 두는 수
백선

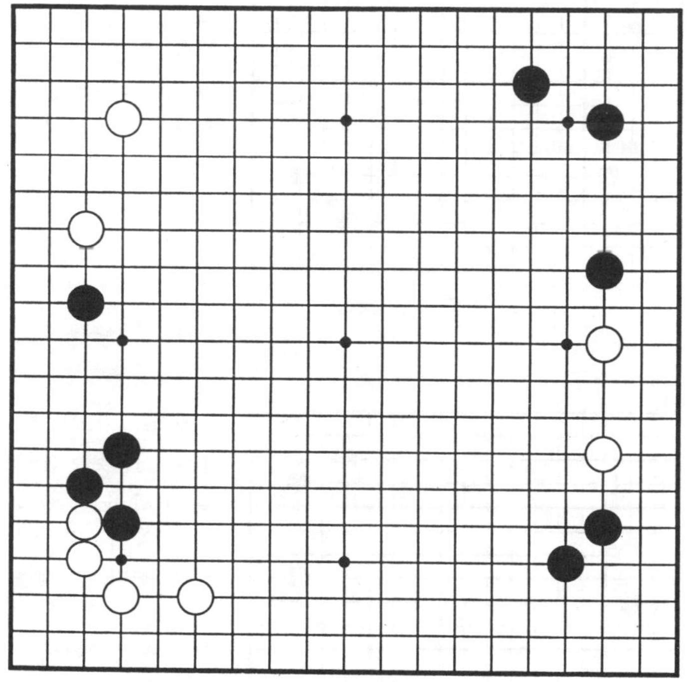

국면은 상변과 하변에 큰 모양이 남아 있다.

양쪽을 다 두는 수는 없을까?

해답 눈목자 걸침

1도 (정해) 하변에 눈목자의 걸침이 좋은 수. 다음 백 ㉮의 미끄러짐을 본다. 흑2의 마늘모에는 백3으로 상변의 큰곳을 둔다.

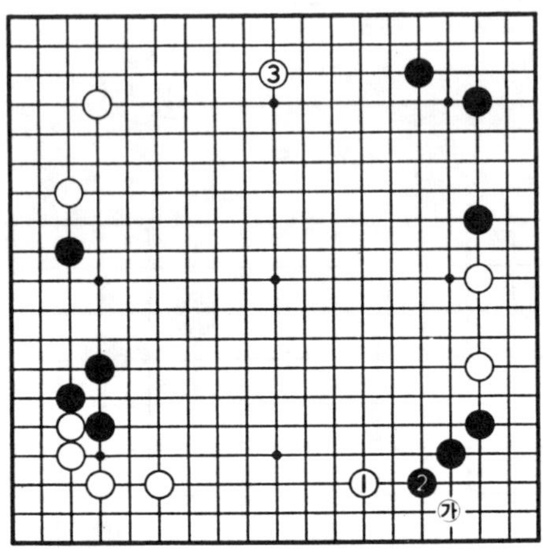

1도

2도 (참고) 백 1로 상변의 큰곳을 두는 것은 흑2의 눈목자 지킴이 좋은 수다. 이것은 우변의 백 2점을 공격할 수 있어서 즐겁다.

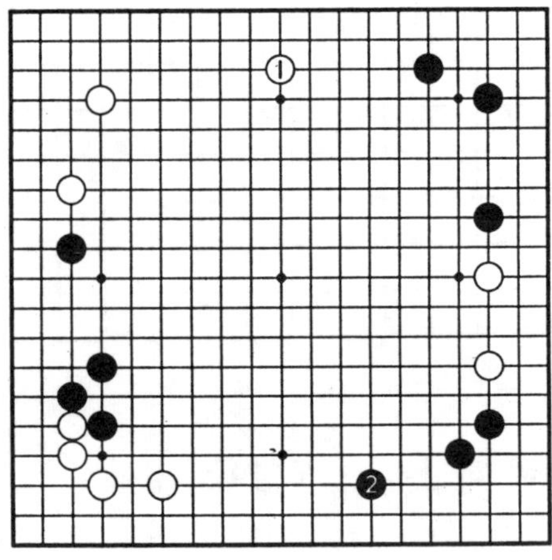

2도

제48문—피하여 나감

흑선

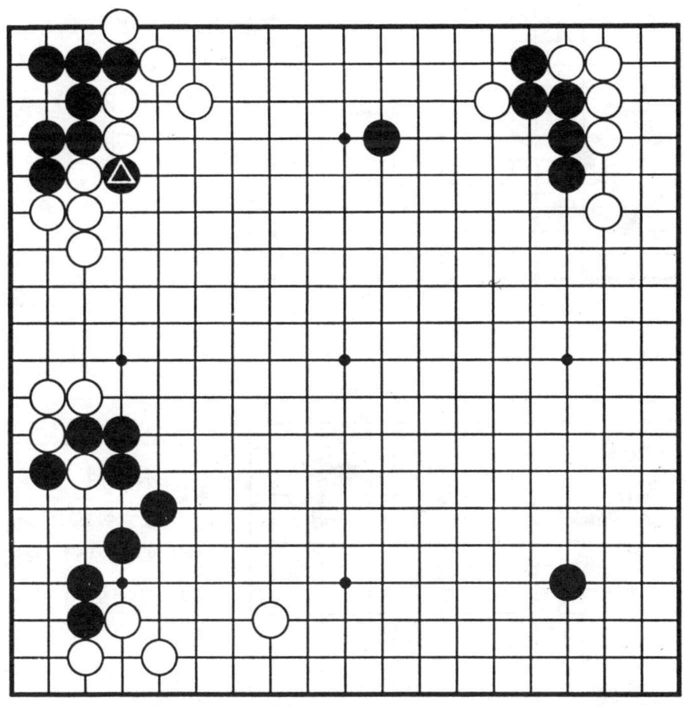

좌상에 흑▲표의 일착이 분단하고 있는 상태이다. 흑▲표를 움직임에 있어 어떤 판단이 있을까?

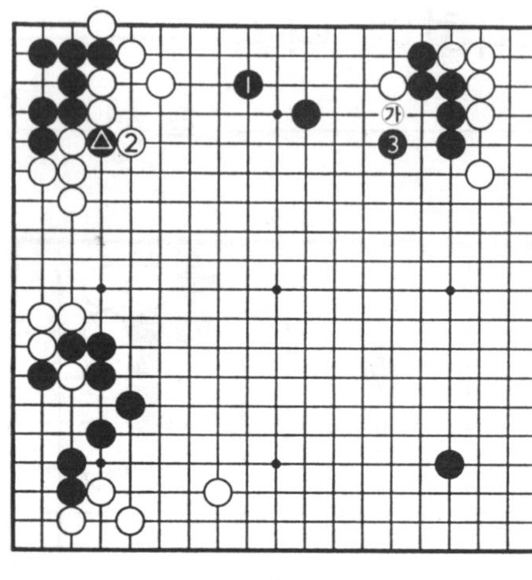

1도

해답 무겁다

1도 (정해) 흑 ▲표를 움직이는 것은 무거운 수다. 여기에선 흑1로 상변을 두는 것이 좋다. 백2에는흑 흑3의 지킴이 좋다.

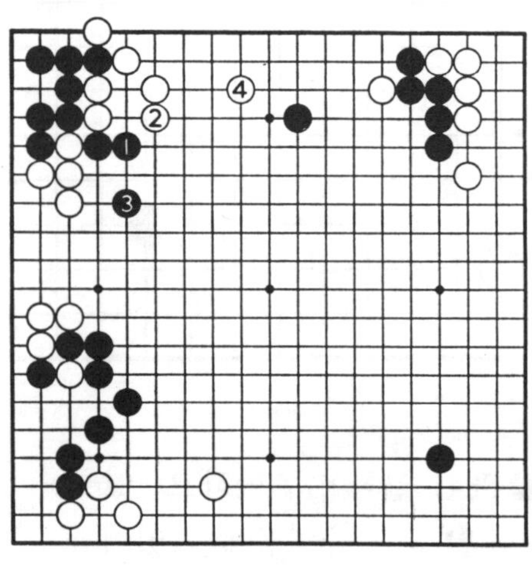

2도

2도 (참고) 흑1로 움직여 나감은 백2, 4로 된다. 좌변 백모양의 약점이 보강되어 흑이 나쁘다.

제49문—서로의 약점을

흑선

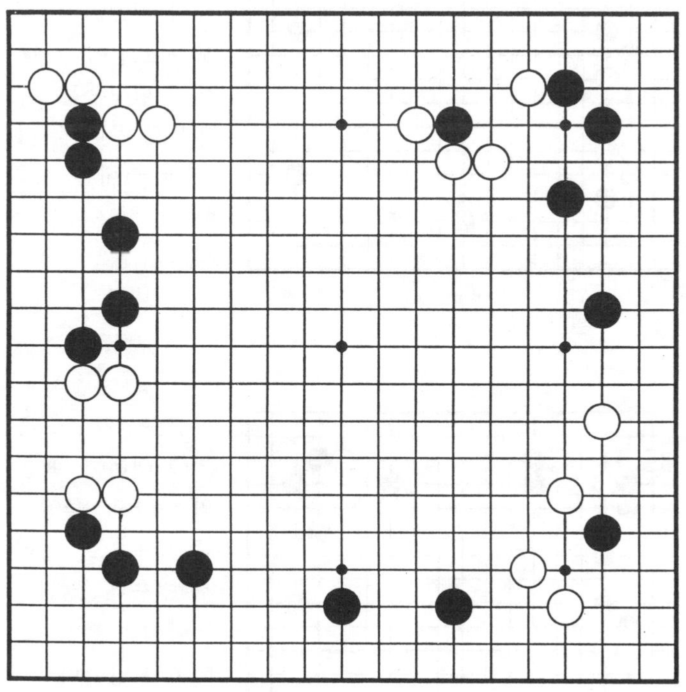

상변의 백의 진지에 어떻게 두어야 할까. 이후의 변화까지를 생각하여 보자.

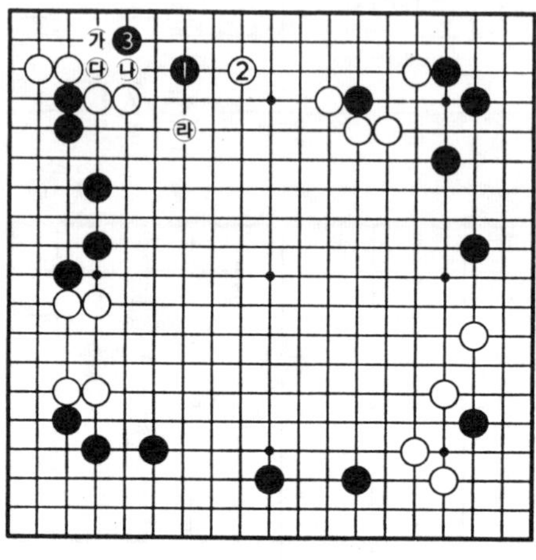

1 도

해답 미끄러짐을 본다

1 도 (정해) 흑 1 의 지점이 다음 3 의 미끄러짐을 보는 호점이다. 백 2 의 협공에는 흑 3 으로 둔다. 다음 백 ㉮에는 흑 ㉯, 백 ㉰, 흑 ㉱로 둔다.

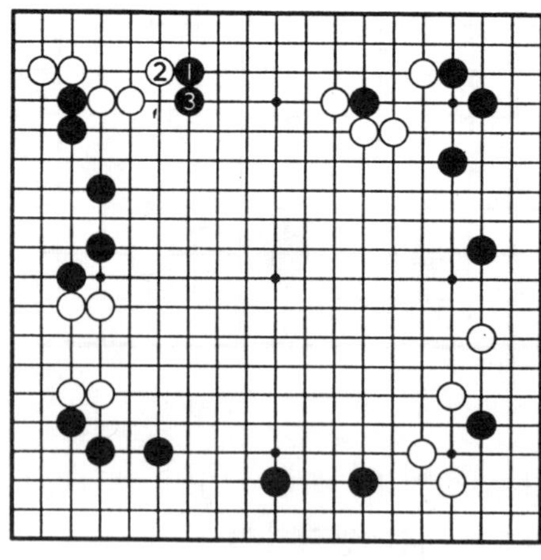

2 도

2 도 (참고) 흑 1 에 대하여 백 2 의 마늘모 붙임에는 흑 3 으로 올라서는 수가 좋다.

이것은 흑이 두터운 모양이다.

제50문 — 응수방법

백선

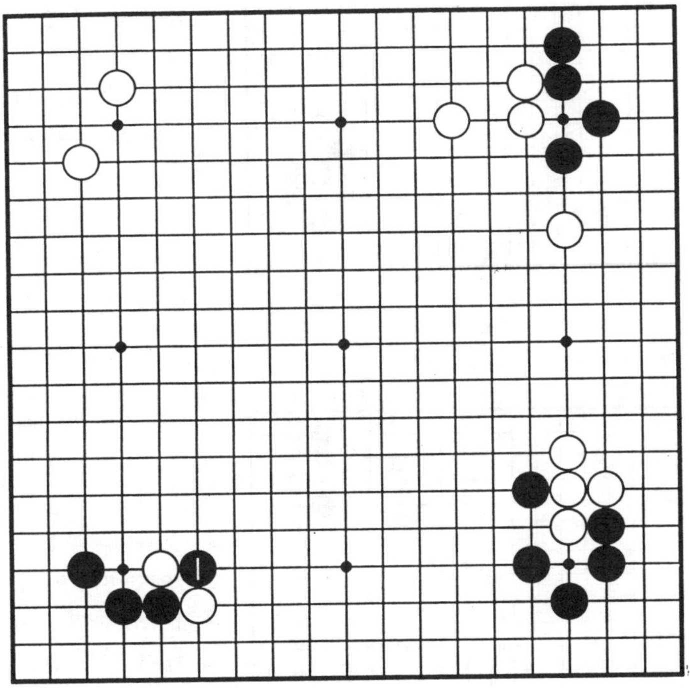

흑 1의 끊음이다.

앞에서 이와 비슷한 모양이 나온 바 있다. 문제가 있다. 응수방법은?

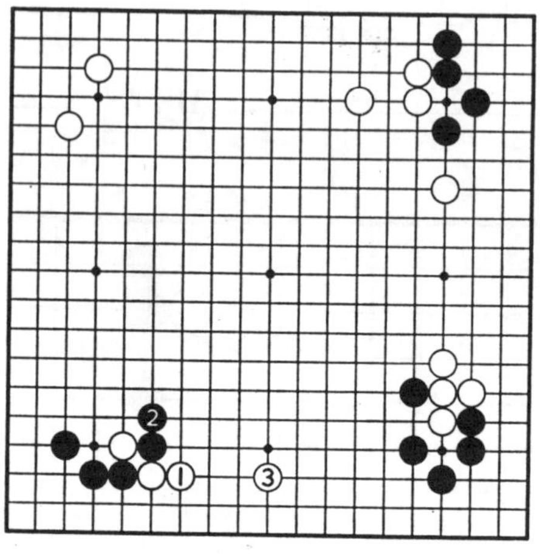

1 도

해답 **뻗고 2 칸**

1 도 (정해) 이 국면에서는 하변이 크다. 백 1 의 뻗음 다음 흑 2 를 기다려 백 3 으로 2칸 벌림이다. 당연한 수로 돌의 배치와 관계가 있다.

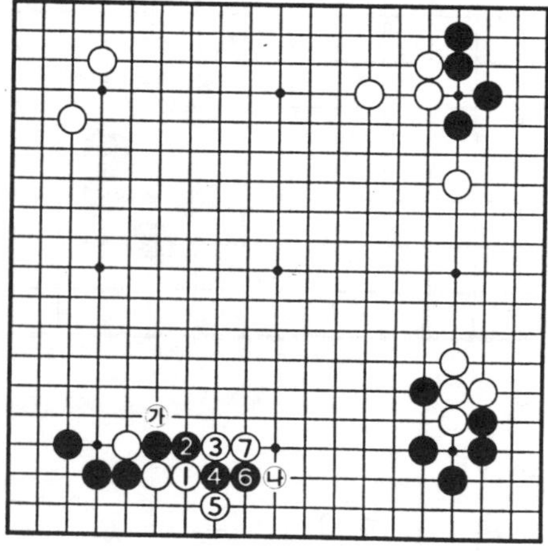

2 도

2 도 (참고) 백 1 에 흑이 2 로 누르는 것은 백 3 으로 젖힌다. 흑 4 의 끊음에는 백 5 에서 7 까지로 둔다. ㉮와 ㉯가 맞보기다. 이후는 축이 문제다. 본도는 축이 백이 좋다.

제51문 — 오른쪽에서 왼쪽
백선

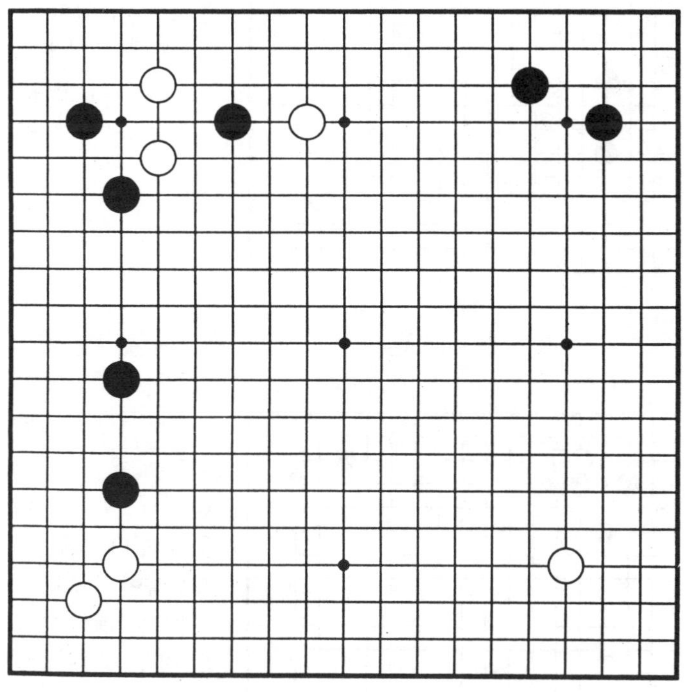

좌상의 백은 처치하기가 난감하다.

오른쪽을 두든 왼쪽을 두든지 간에 이것은 감각적인 문제다.

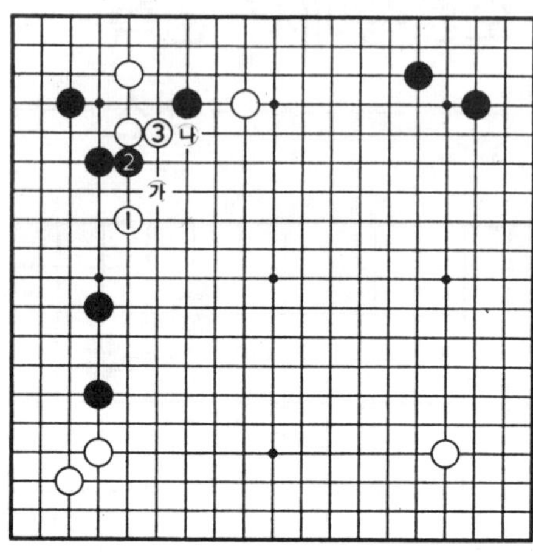

1 도

해답 비약하는 수

1 도 (정해) 상변의 흑 1점을 잡는 방법은 백 1 로 두는 수가 있다.

흑 2 에는 백 3 으로 당연히 잡힌다.

흑 ㉮, 백 ㉯ 의 곳.

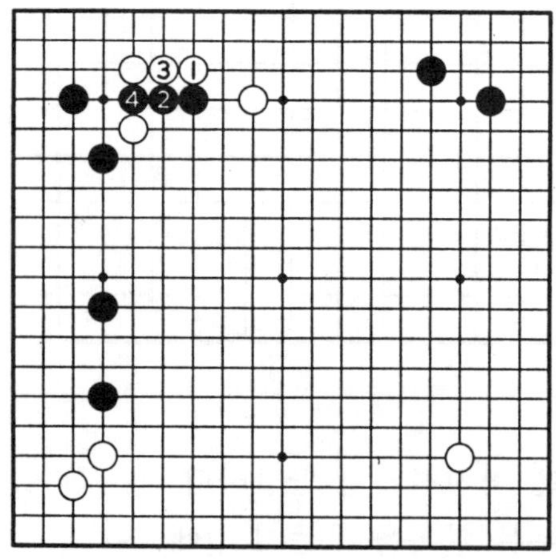

2 도

2 도 (참고) 백 1 로 붙이는 것은 흑 2, 4 의 끊음이 있다. 좌변의 흑모양이 크다.

본도는 백이 정석을 잘못 택한 방향착오. 너무나 안전하게 두는 발상이다.

제52문—같은 발상

백선

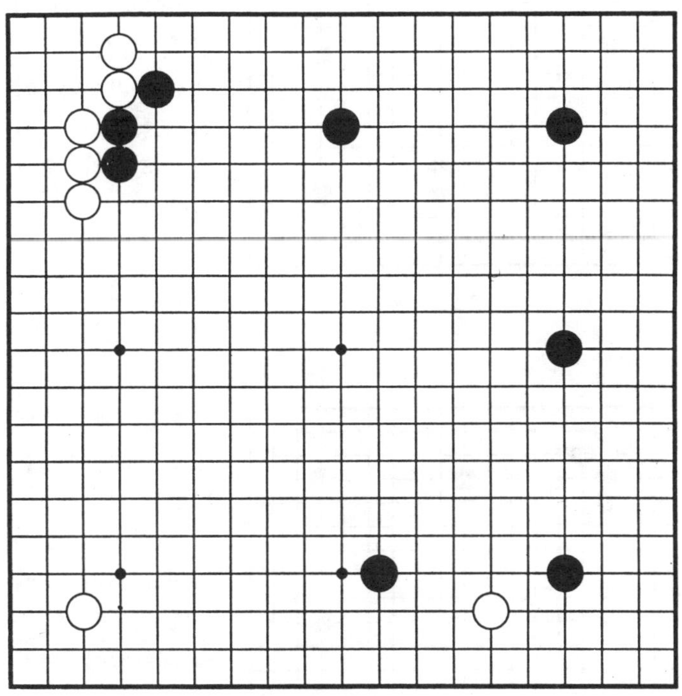

우하의 백 1 점의 움직임에 관한 수이다. 3·3에 침입을 할 것인지 한칸을 미끌어질 것인지, 이외의 방법은?

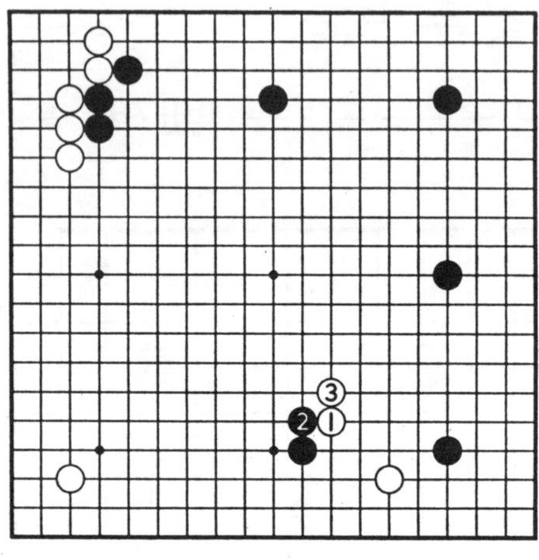

1도

해답 어깨짚기

1도 (정해) 백 1의 어깨가 좌상 방면의 흑 모양을 삭감하는 방법의 일책. 흑2에는 3으로 올라선다. 이런 모양에서는 이것이 하나의 수단이다.

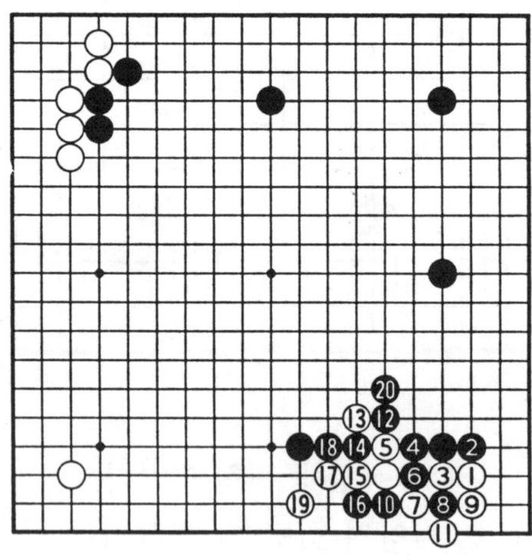

2도

2도 (참고) 백 1로 3·3에 두는 방법도 있다. 그러나 이것은 흑2 이하 백19까지 될때 흑20으로 뻗어 흑의 대모양이 확장된다. 이 침입은 무리가 아닐 수 없다.

제53문—싯점(視点)

흑선

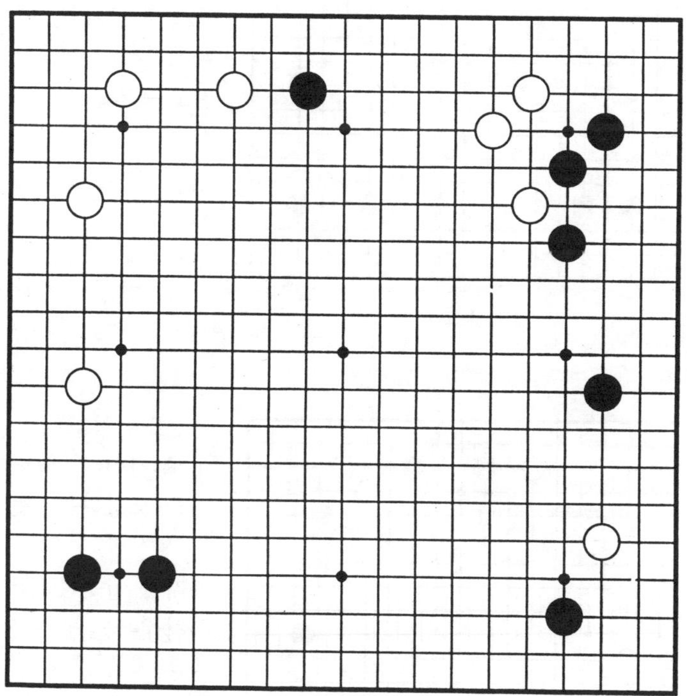

국면을 보면 상변과 우하에 자꾸 시점(視点)이 가는 곳이다.

이런 곳을 둘 수 있다면 기력이 상당하다.

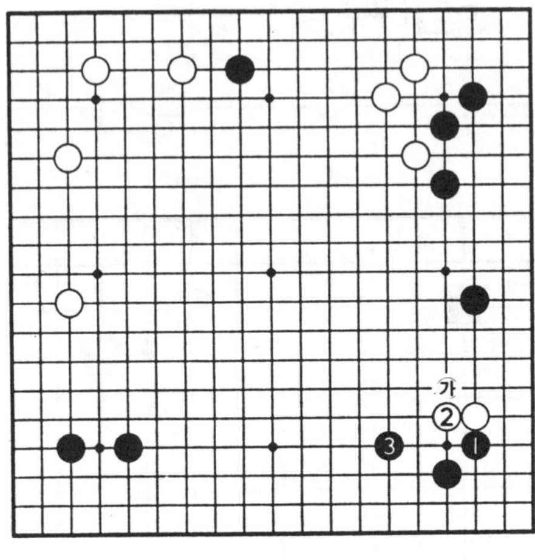

1도

해답 공격의 태도

1도 (정해) 우하를 흑1 마늘모로 붙이는 것이 상용의 수단이다. 약하게 돌을 만들어 놓고 공격을 하는 방법이다.

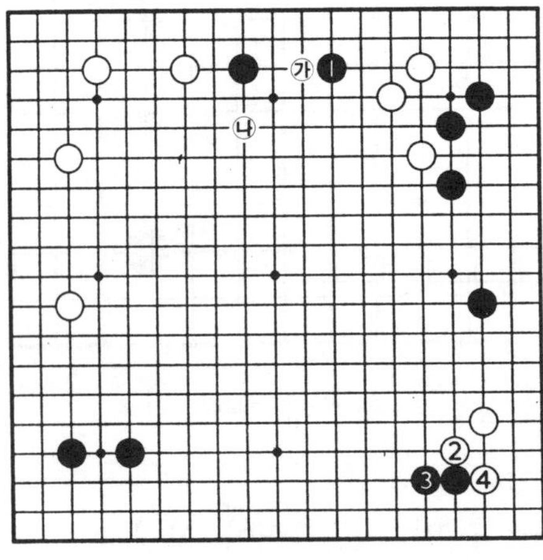

2도

2도 (참고) 흑1로 자신의 약한 돌을 보강하는 것도 생각할 수 있다. 그러나 이곳은 급하지 않는 곳이다. 백㉮에는 흑㉯가 있기 때문이다. 흑1에는 백2, 4로 받는다.

제54문—구축하는 방법

백선

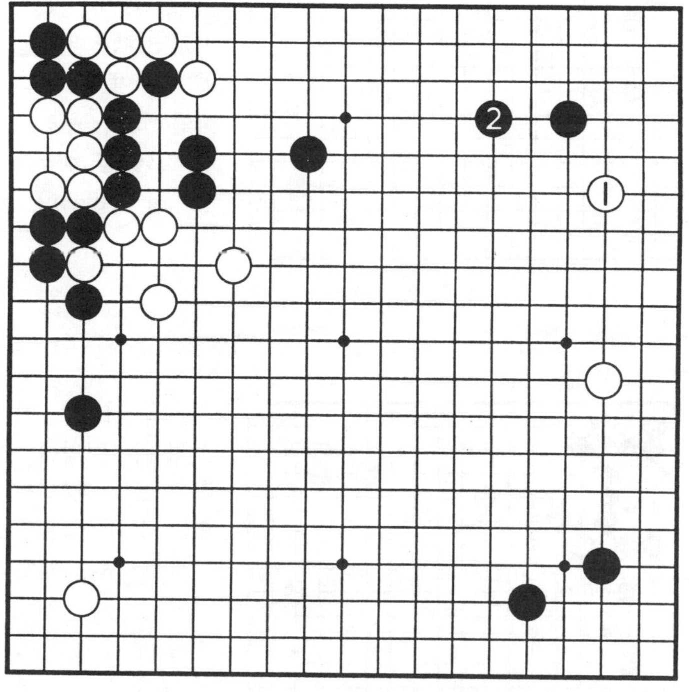

백 1 에 흑이 2 로 받으면 이 부근에서는 어떠한 수단으로 백모양을 구축하여야 할까. 3수 정도를 생각하여 보자.

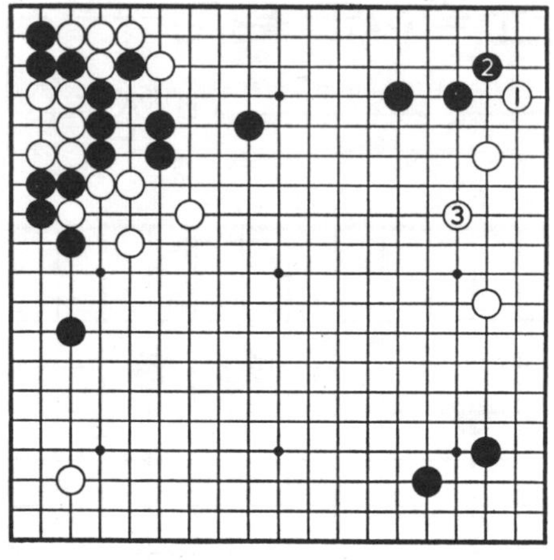

해답 이상적인 구축

1도 (정해) 백 1의 미끄러짐이 있다. 흑이 2로 지키면 백3의 날일자가 아주 이상적인 모양 구축이다. 모양을 깨닫고 있으면 편리하다.

1도

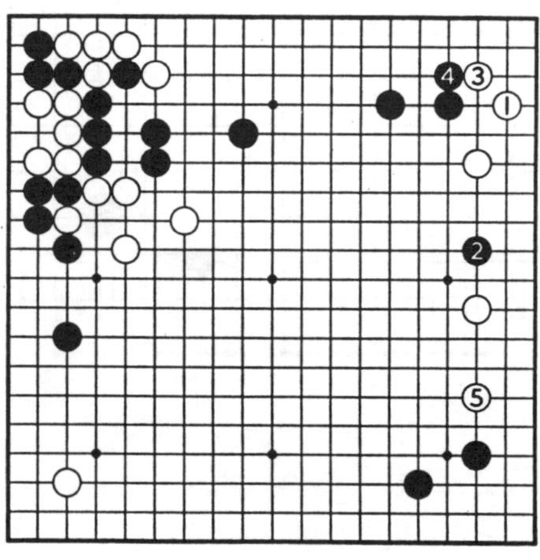

2도 (참고) 백 1의 미끄러짐에 흑이 2로 침입해 오는 수가 있다.

그러면 흑3으로 먼저 둔다. 흑이 4를 두면 백은 5의 곳을 둔다. 흑 2는 좋지 않다.

2도

제55문 손을 빼면

흑선

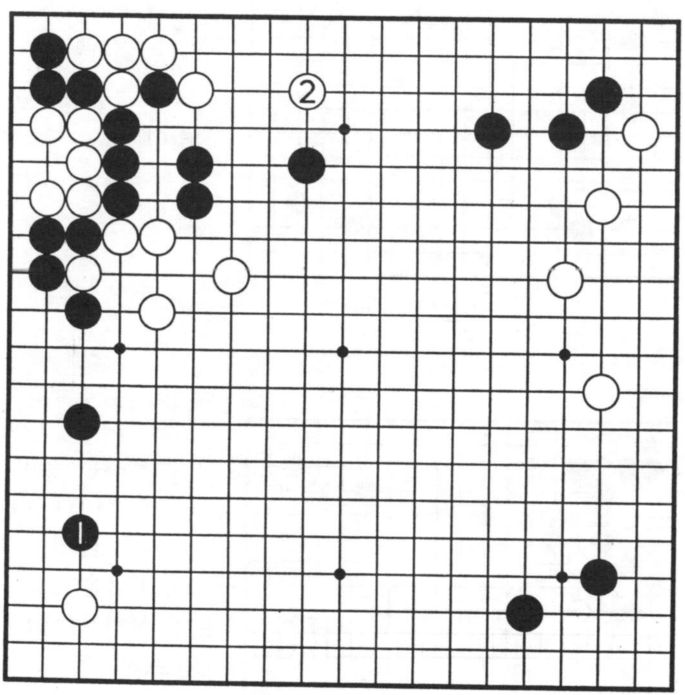

흑 1 에 백 2 로 상변을 두었다.

좌하를 손빼면 당연히 응징하는 엄한 수단이 있다. 생각하여 보자.

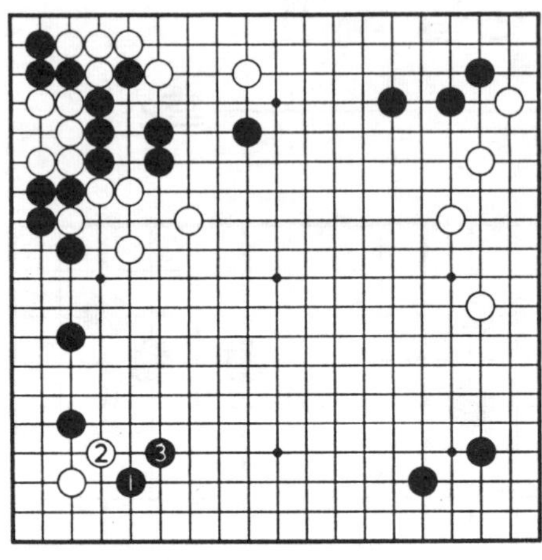

1도

해답 압박

1도 (정해) 흑 1이 엄한 수다.

백 2에는 흑 3이 모양이다. 이것이 근거를 빼앗는다.

백이 고심스러운 모양이다.

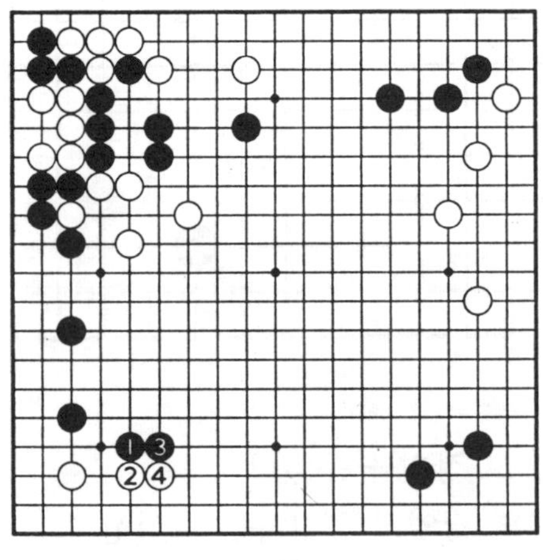

2도

2도 (참고) 흑 1로 씌우는 것은 백 2로 붙여서 나가는 수가 있다. 그러면 흑은 3의 곳을 눌러서 두터운 모양이다.

1도와 비교하여 볼때 효과가 적다.

제56문—염신(塩辛)

백선

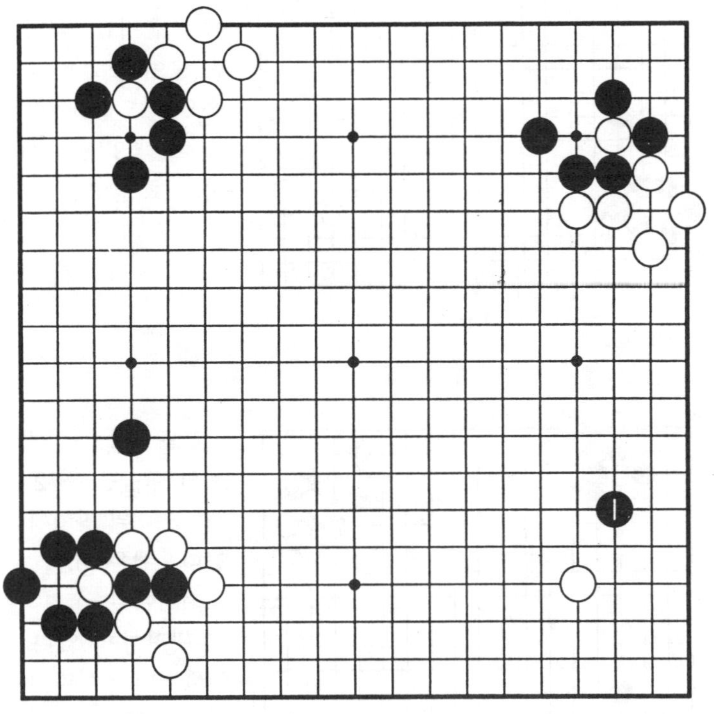

흑 1 로 걸쳐온 모양이다.

주위 상황을 고려하여 볼 때 어떻게 두어야 할까?

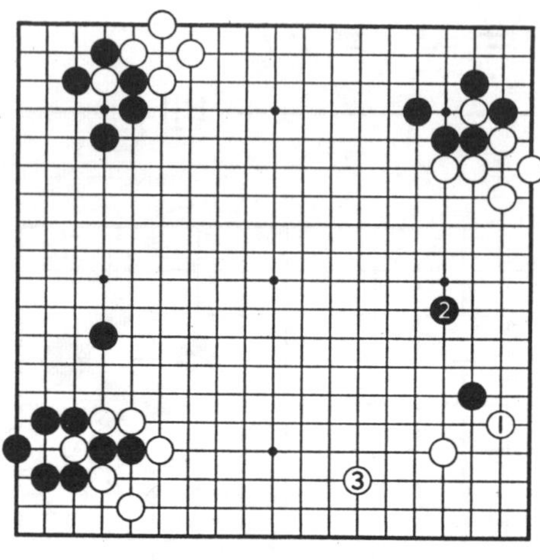

1도

해답 지킴

1도 (정해) 백1의 날일자 지키 수가 좋다. 이것은 흑의 근거를 빼앗는 수이기도 하다. 흑2로 모양을 갖출 때 백3의 눈목자가 호처이다.

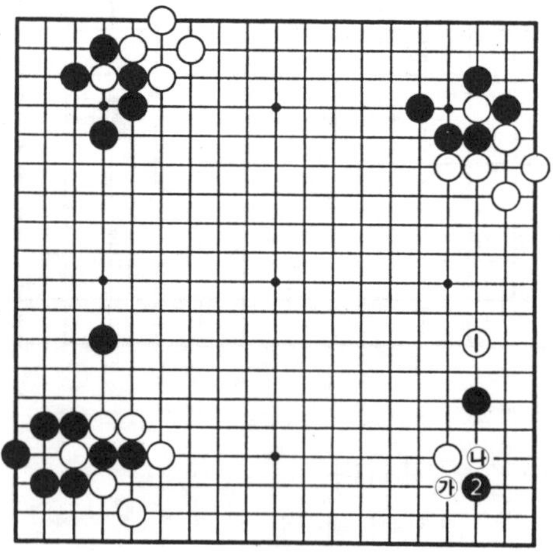

2도

2도 (참고) 백1의 협공은 흑2의 3·3의 침입이 있다. 백은 ㉮의 내려섬이나 ㉯의 곳 내려섬이 있다. 어쨌거나 실리가 크다. 전국적으로 볼 때 흑이 편한 포석.

제57문—걸치는 방법

흑선

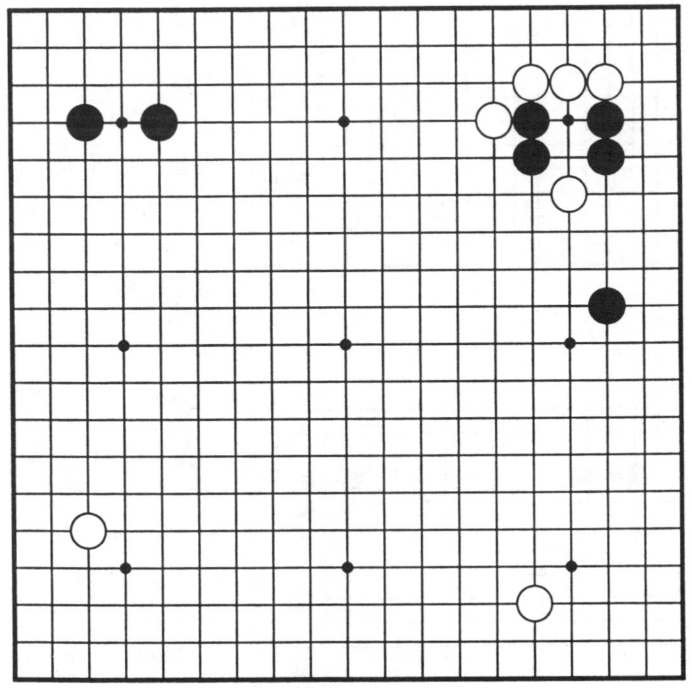

우상의 돌의 배치를 유념해 볼 필요가 있다.

상당한 공부를 요한다.

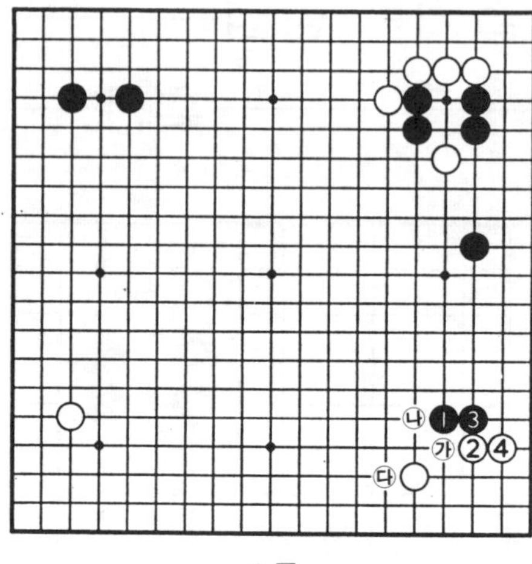

1도

해답 놓은 걸침

1도 (정해) 흑 1로 높게 걸치는 것이 보통이다. 백 2에 흑3으로 두면 우변 진영을 만든다. 백4의 내려섬 다음 ㉮의 곳을 두거나 ㉯의 뻗음이 있다. 다음에 ㉰의곳 붙임이 엄한 수이다.

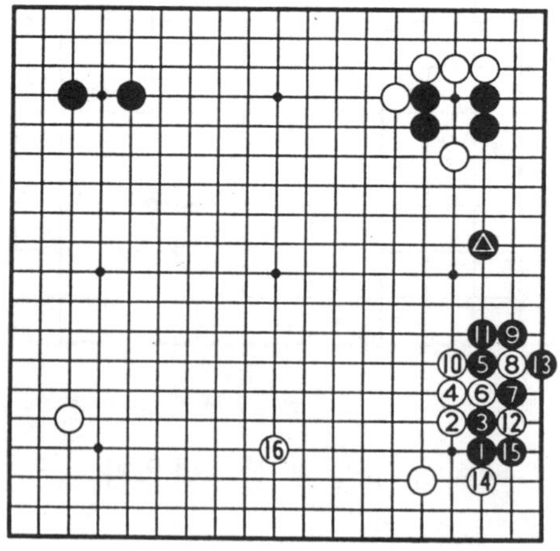

2도

2도 (참고) 흑 1의 낮은 걸침은 백2로 씌어간다. 이하 흑5의 한칸은 16까지 모양이다.

우변은 흑▲ 표가 중복이 되어 있는 모양이어서 좋지 않다.

제58문 복습

백선

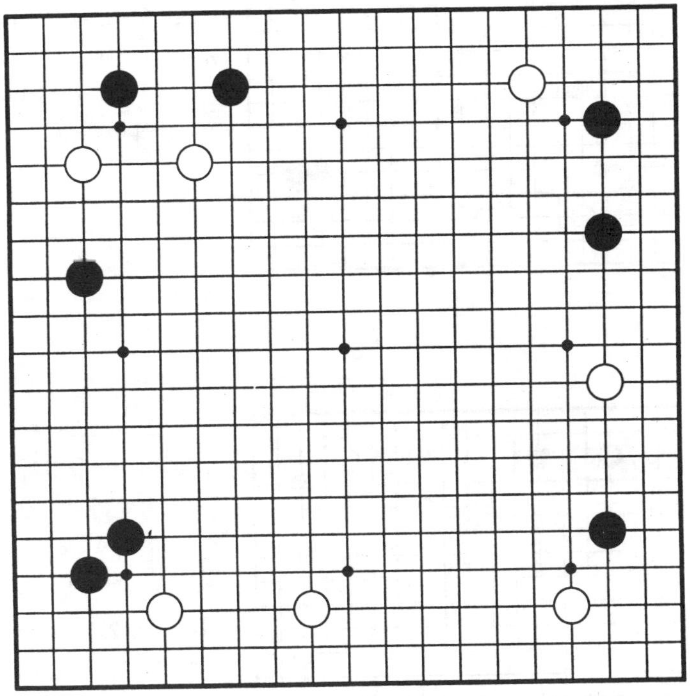

앞에서 비슷한 문제가 나왔다. 복습을 하여 보자. 두는 방법과 이에 대한 응수를 생각하여 보자.

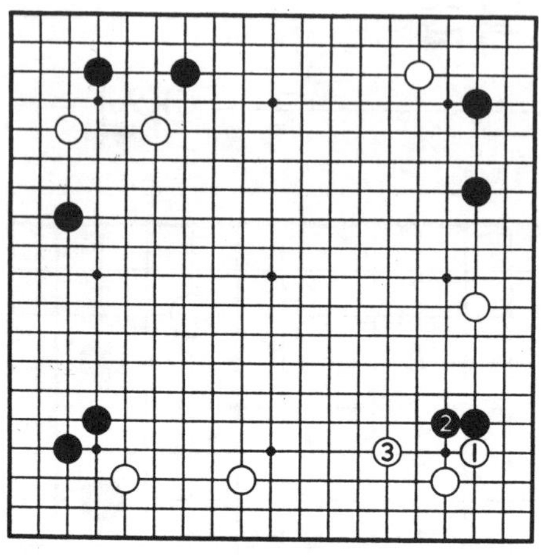

1 도

해답 마늘모 붙임

1 도 (정해) 백 1 의 마늘모 붙임. 우하의 흑돌을 공격할 수 있어 집이 튼튼해 진다.

이것은 대단히 큰 수다.

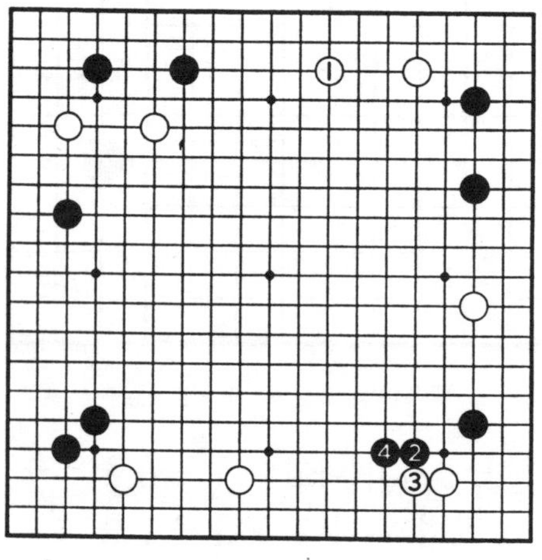

2 도

2 도 (참고) 백 1 로 벌려 상변의 돌을 원호하는 것은 어떤가? 이곳은 급하지 않는 곳이다. 흑 2 의 싸움이 있다. 백 3 에는 흑 4 로 백 1 점을 고립시켜 공격하는 모양이 좋다.

제59문—사정

흑선

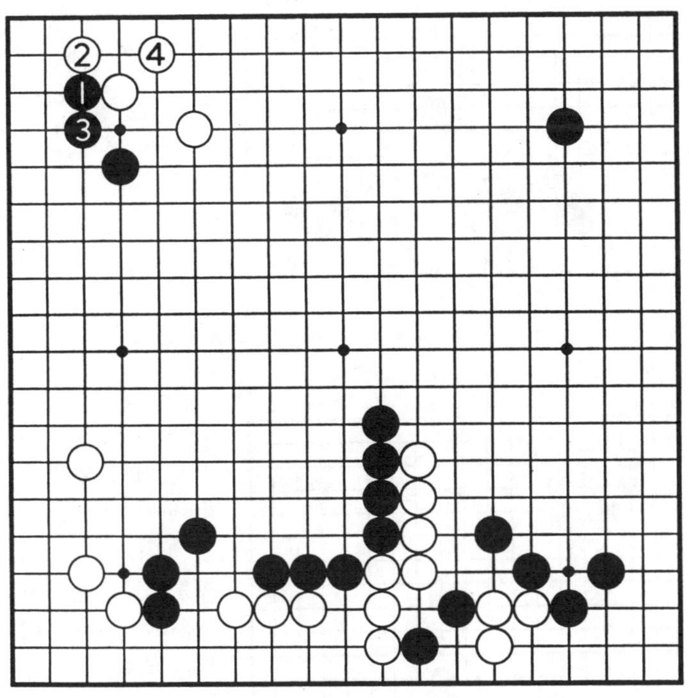

흑 1, 3의 붙여 뻗음에 백은 2, 4로 모양을 갖추었다. 흑은 어떻게 두어야 할까?

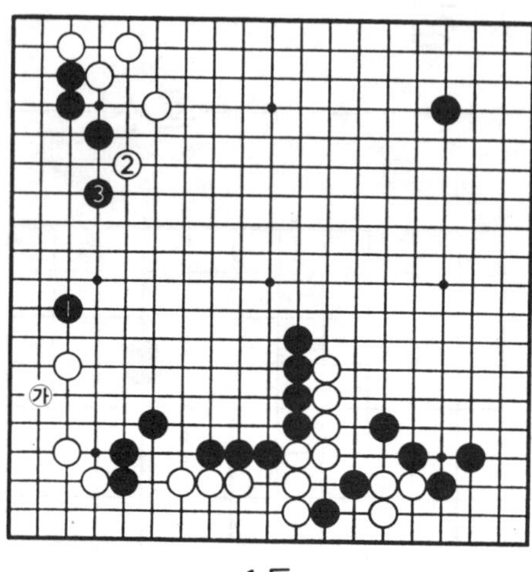

1도

해답 가득 벌림

1도 (정해) 하변에 흑의 두터움이 있기 때문에 흑1로 가득하게 벌린다. 백2에는 흑3으로 충분하다. 흑1은 다음 ㉮의 치중하는 맥이 있다.

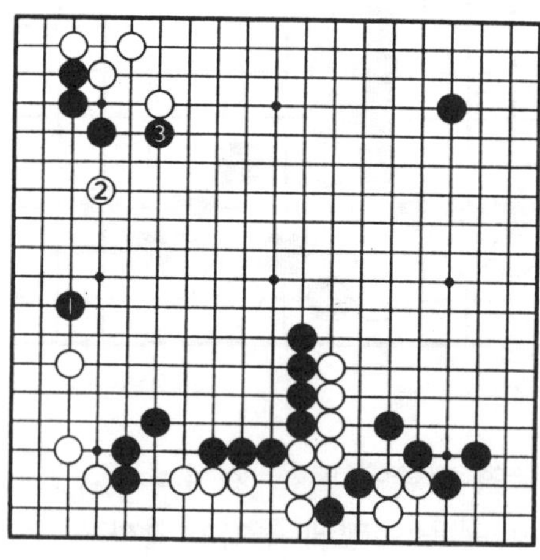

2도

2도 (참고) 흑1에 백이 2의 곳을 두어오면 이것은 흑의 환영이다. 흑3으로 붙여서 싸울 수 있다. 이것은 백의 무리이다.

제60문—전국을 보는 수

흑선

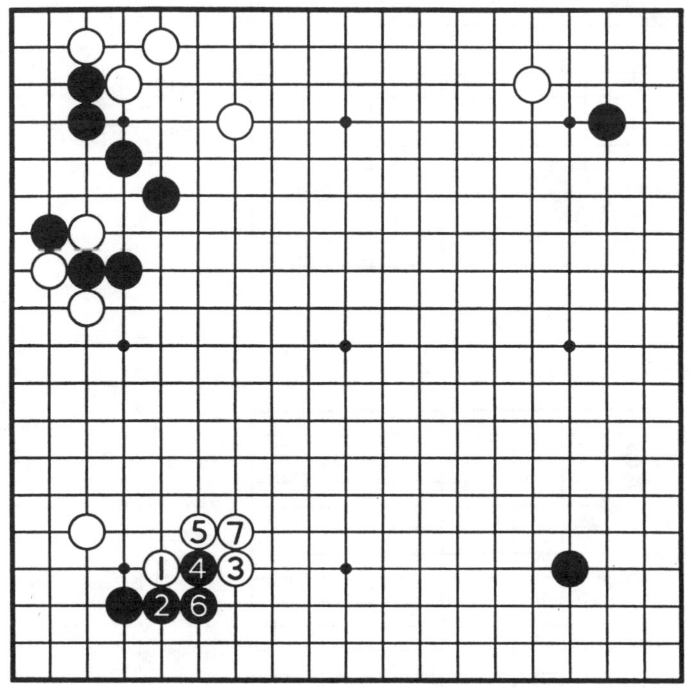

백 1 의 씌움 이하 7 까지 두는 것이 정석이다.

냉정하게 전국을 보는 것을 길러야 한다.

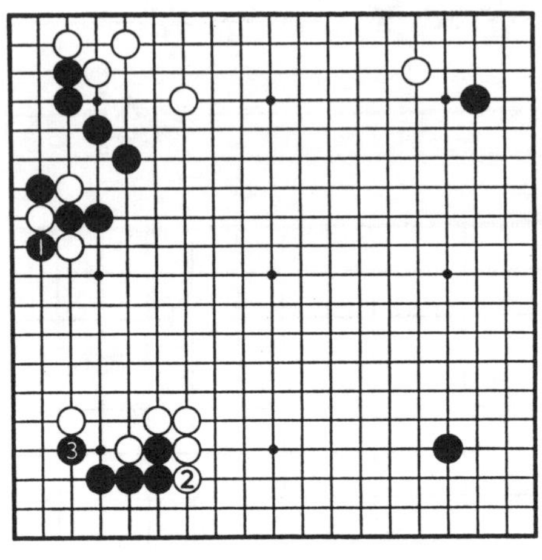

1 도

해답 **화근을 끊음**

1 도 (정해) 흑 1 로 좌변의 1 점을 끊는 수가 냉정한 1 수다. 백은 하변 2 의 내려섬. 그러면 흑은 3 의 곳에 마늘모 한다.

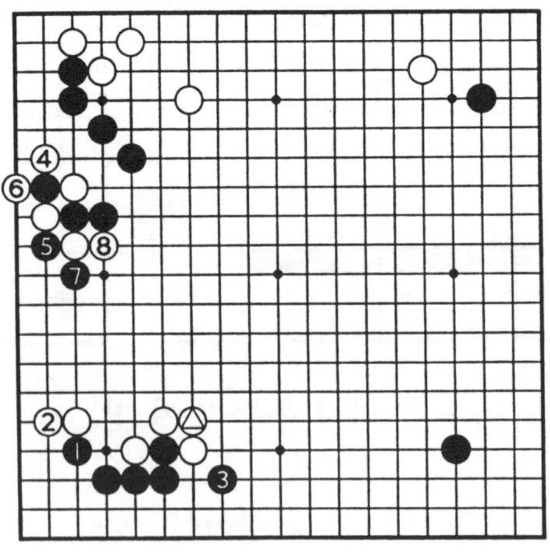

2 도

2 도 (참고) 흑이 1, 3 으로 두는 것은 백 4 의 단수 다음에 흑 5, 7 다음 백 8 로 나가는 수가 있다. 백 △ 가 축머리에 해당하는 수다.

제 3 편

예리한 감각을

본편은 고급으로 향하는 약간 어려운 문제를 모아 보았다.

문제를 통하여 생각하는 습관을 길러보자. 포석에서 중반으로 건너갈 무렵에 많이 나타나는 모양을 나타내었다.

본편을 통하여 포석에 대하여 예리한 감각을 몸에 익히도록 한다.

제61문—유연함

백선

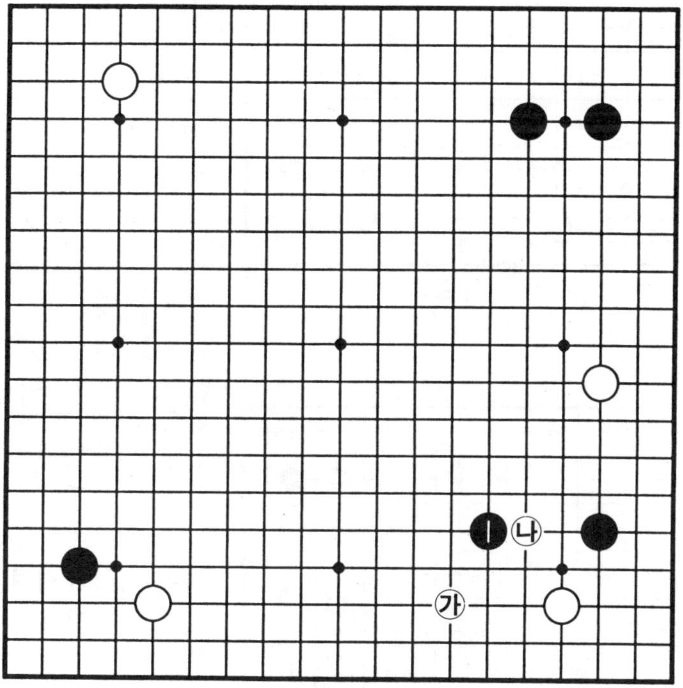

지금 흑이 흑1로 2칸을 뛴 모양이다.

다음 백의 응수는 ㉮의 곳 받음이나 ㉯의 곳 붙임이 보통이다. 이외에 다른 방법은 없을까?

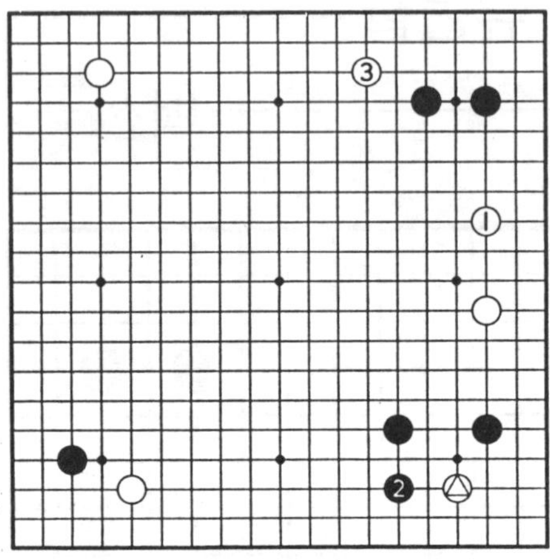

1 도

해답 2칸 벌림

1 도 (정해) 백 1 로 2칸을 벌리는 것이 입체적인 수이다.

흑 2 에는 3 으로 다가서는 것이 좋다.

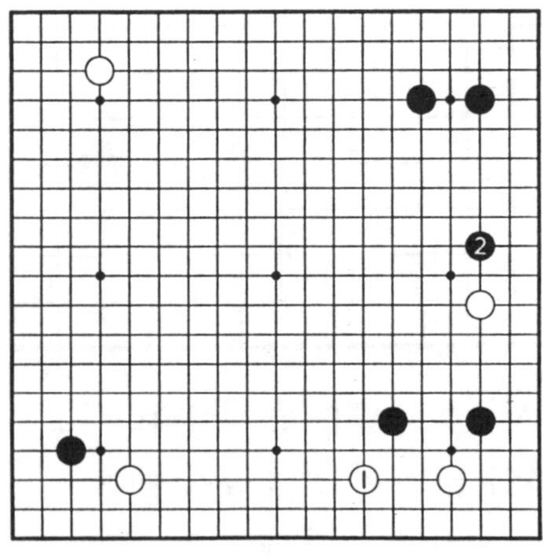

2 도

2 도 (참고) 백 1 은 생각을 해봐야 할 점이다.

그러면 흑 2 의 협공이 절호점이다.

1 도의 변화가 좋다.

제62문—삶의 시시비비

흑선

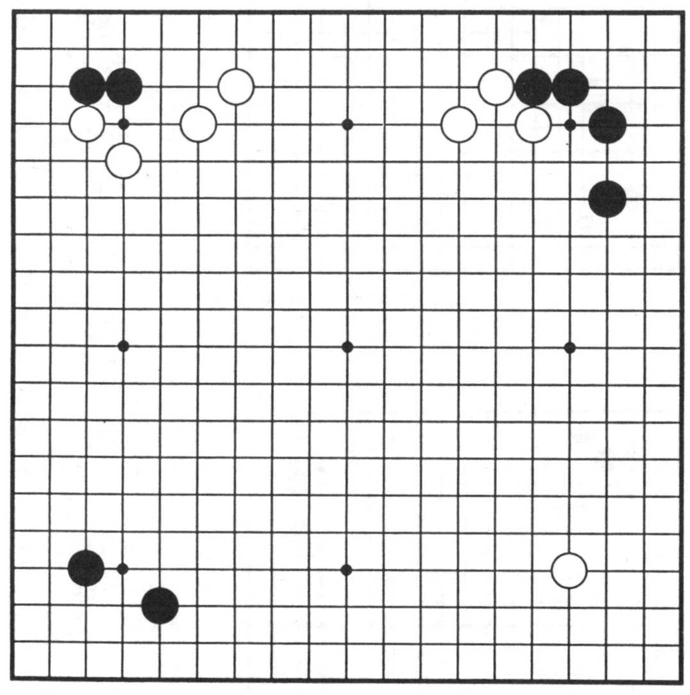

좌상의 흑은 손을 빼면 죽는가?
삶에 따른 시시비비가 문제이다.

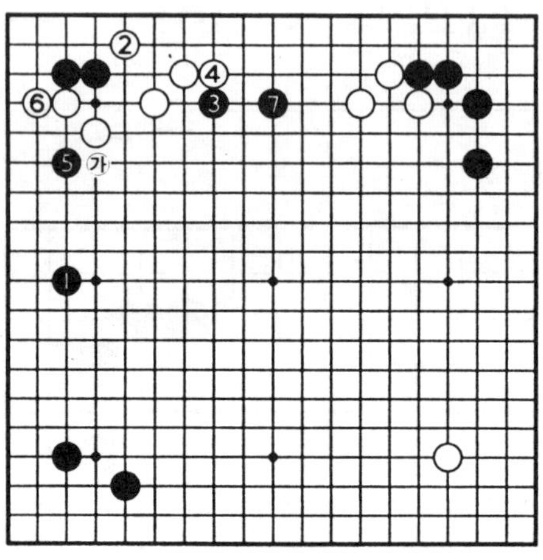

1도

해답 국면을 리드

1도 (정해) 흑 1로 큰곳을 두는 것이 좋은 수. 백이 2로 잡으면 흑 3에서 5까지—.

흑7로 흑㉮의 누름이 있다. 이것으로서 충분하다.

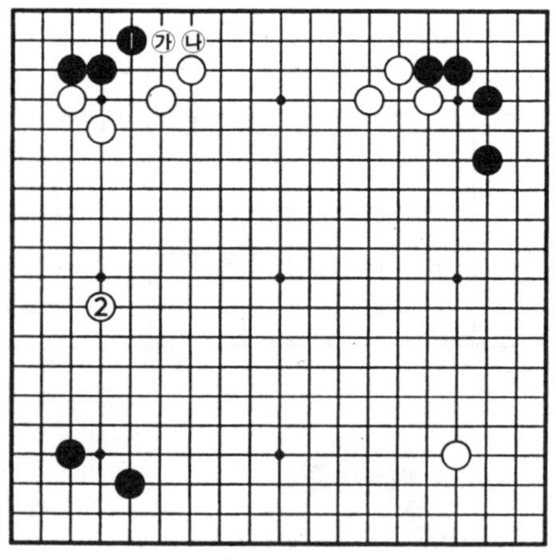

2도

2도 (참고) 흑 1로 사는 것에는 흑1이 모양이다.

그러면 백은 2의 곳을 둔다.

백2가 절호점이다.

1도의 방법이 알기 쉽다.

제63문 — 급한 곳

흑선

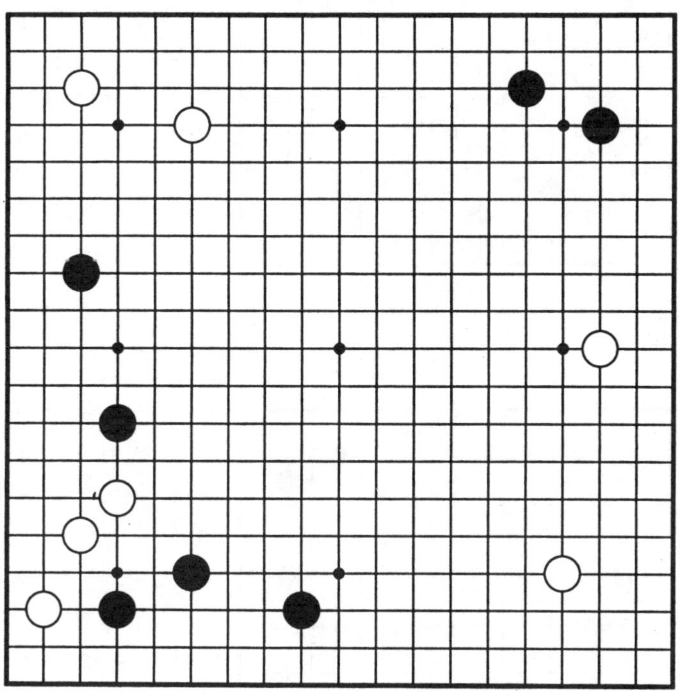

좌변의 흑 2점을 강화하는 입체적인 방법이 필요하다. 생각하여 보자.

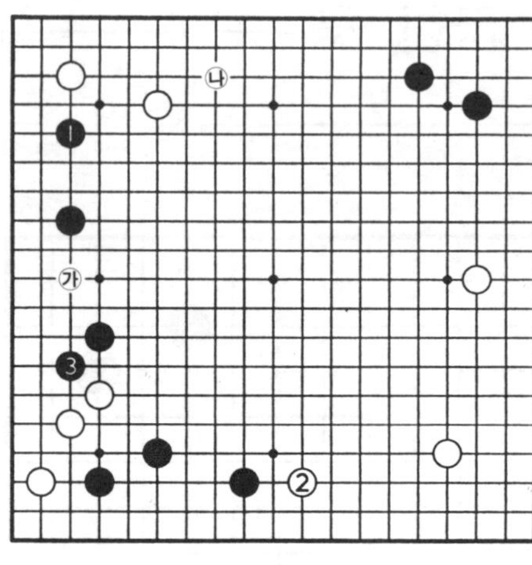

1 도

1 도 (정해) 흑 1 의 벌림. 백 ㉮의 침입이 있다.

흑 1 은 단순히 지키는 것이 좋다. 흑㉯의 걸침에 백의 눈목자가 엷어진다.

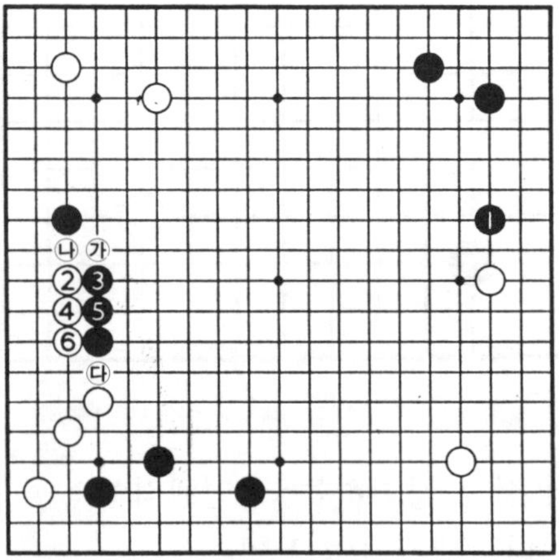

2 도

2 도 (참고) 흑 1 로 벌리는 것은 큰곳이기는 하나 백 2 의 직접 침입이 있다. 흑 3 에는 4 에서 6 까지 둔다. 다음에 ㉮를 본다. 흑 ㉯에는 백 ㉰까지 외길이 된다. 1 도가 입체적인 착상이다.

제64문—받으며 협공

흑선

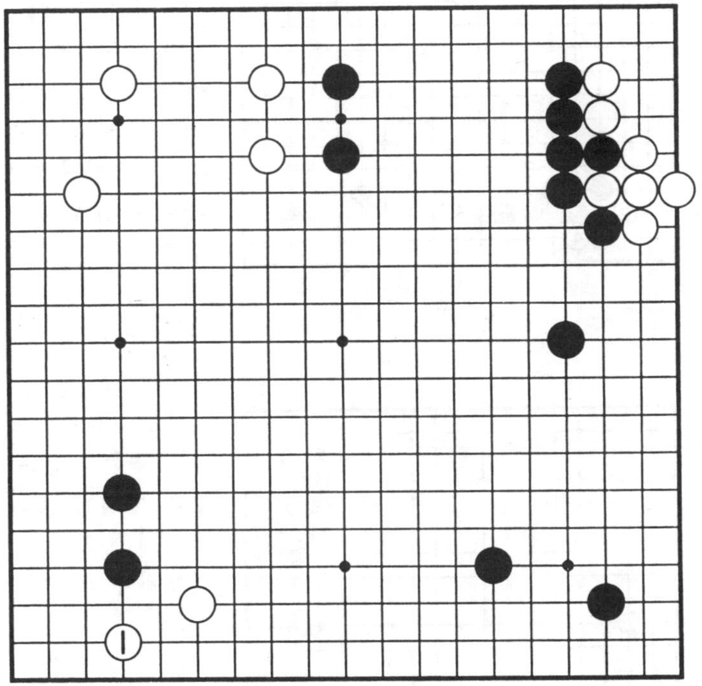

2점국이다.

백 1로 달리면 이 다음의 응수가 문제이다.

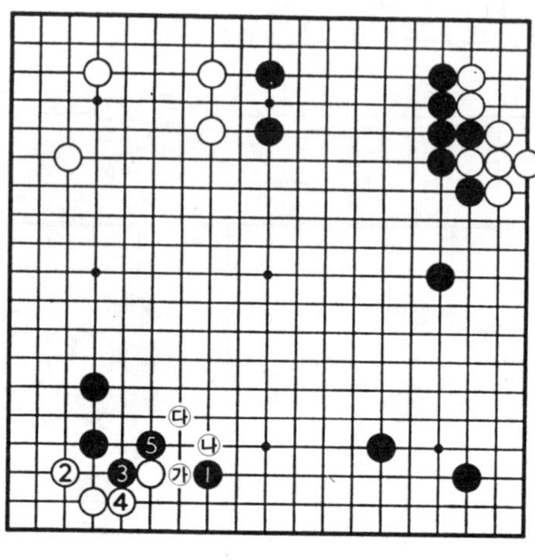

1도

해답 협공이 웅대

1도 (정해) 흑 1의 협공이다. 백 2에는 흑3, 5 의 젖힘까지 외길이다. 봉쇄가 된 중앙의 흑모양이 웅대하다. 백이 2로 ㉮는흑 ㉯. 계속하여 백2에서 흑㉰까지—.

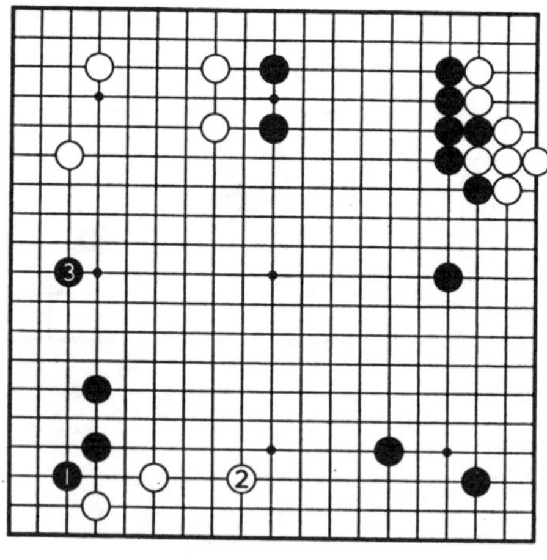

2도

2도 (참고) 흑 1로 받는 것은 백 2의 벌림이 좋다. 백2에 흑3까지 전개된다.

제65문―전투 방법 ①

흑선

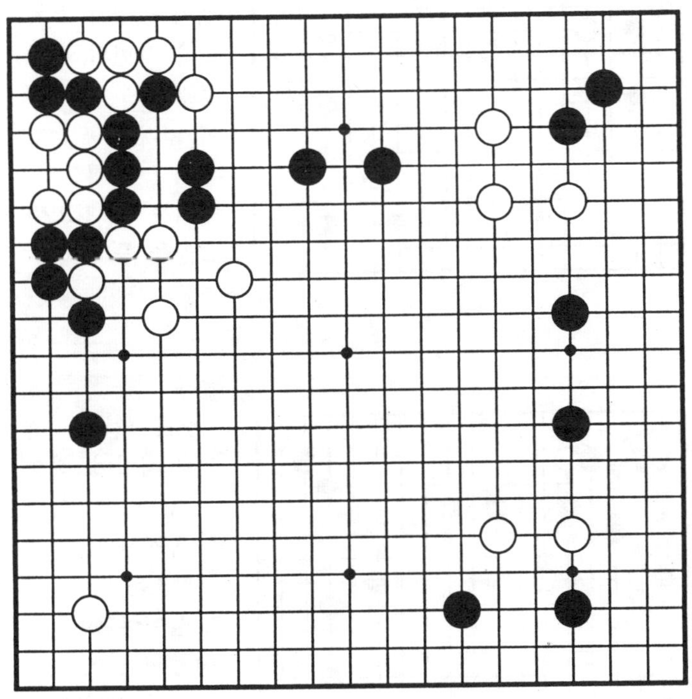

일응 배석이 결정이 되어 있는 듯 보이나 흑이 엷은 곳이 눈에 선하다.

어디인가?

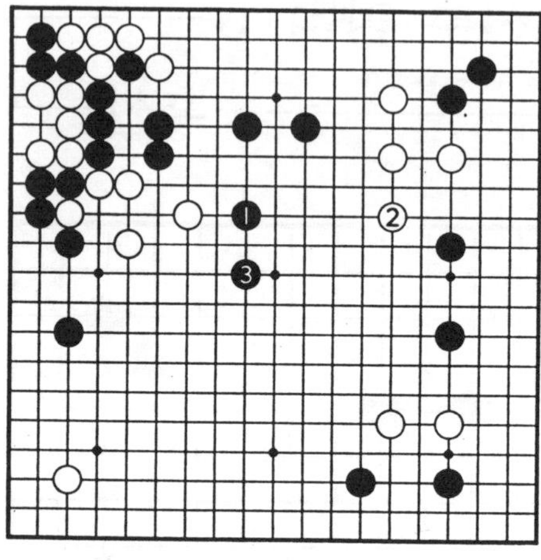

1도

해답 중앙이 필쟁점

1도 (정해) 흑1로 중앙을 두는 것이 필쟁의 요처. 다음 상변의 흑을 보강할 수 있어 백이 엷다.

흑1에 백2의 수비는 흑3으로 중앙을 둔다.

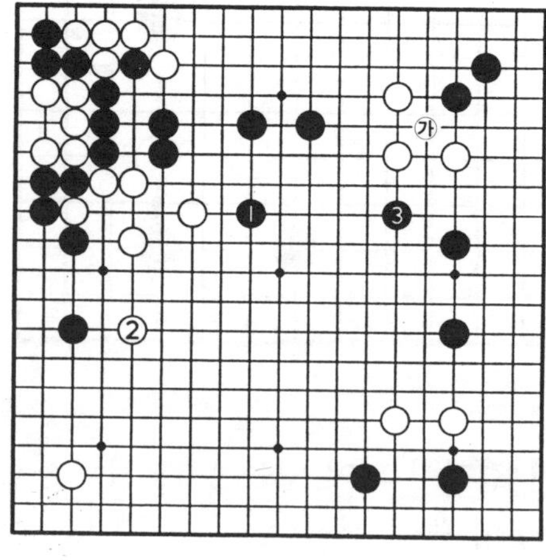

2도

2도 (참고) 흑1에 대하여 백2는 흑3으로 우방을 공격한다.

흑3은 다음 ㉮의 들여다봄이 엄하다. 흑3으로 ㉮의 곳에 직접 들여다봄은 옳지 않은 방법이다.

제66문—전투방법 ②

백선

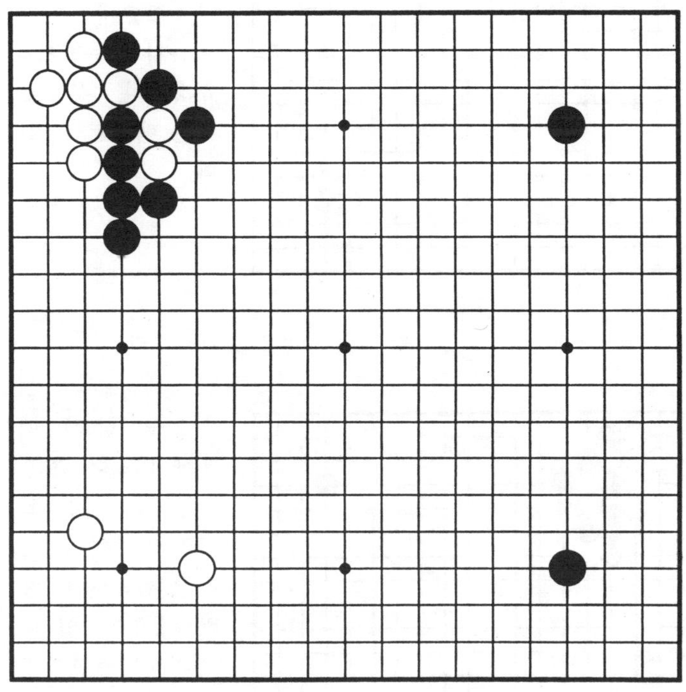

좌상의 백 2 점은 축이다.
이 축을 이용하는 방법이 중요하다.
어떠한 작전을 세울까?

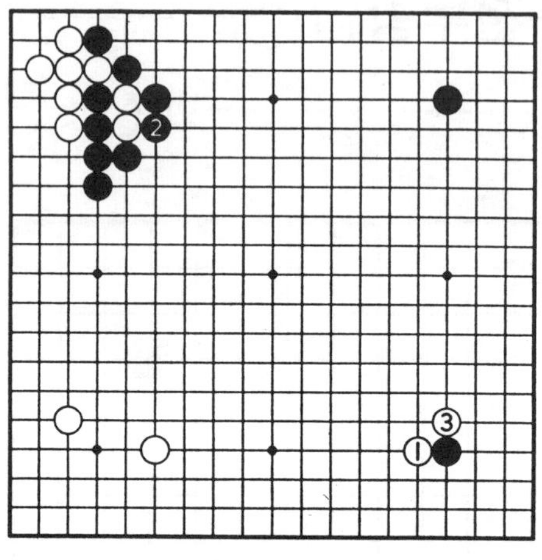

1도

해답 하변에 붙임

1도 (정해) 백 1의 붙임. 좌상의 축을 이용하는 수다. 흑2에는 백3까지 부분적으로 유리하다. 흑2로 3은 백2로 나간다.

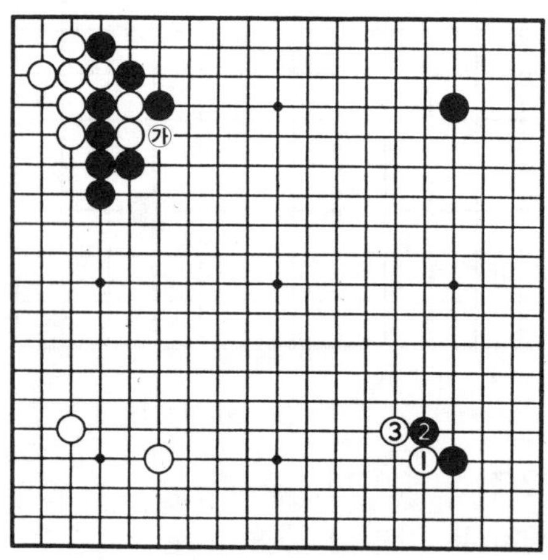

2도

2도 (참고) 백 1에 대하여 흑2의 젖히는 수가 최강의 저항이다. 그러면 계속하여 3의 젖힘이 있다. ㉮의 곳 축관계를 염두에 둔 축관계의 변화이다.

제67문—변심

백선

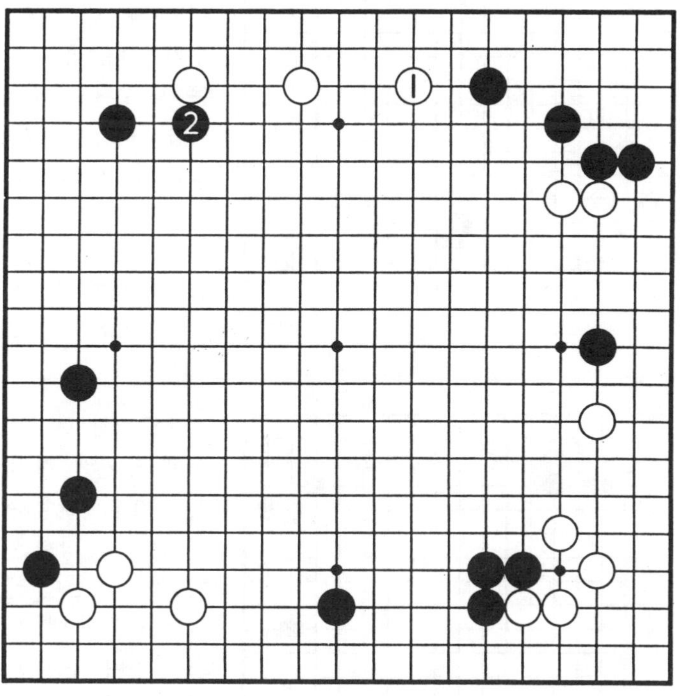

백 1의 2칸 벌림. 흑 2의 붙임이 있다. '붙이면 젖힌다'는 격언이 생각나는 곳인데 이곳은 어떨까?

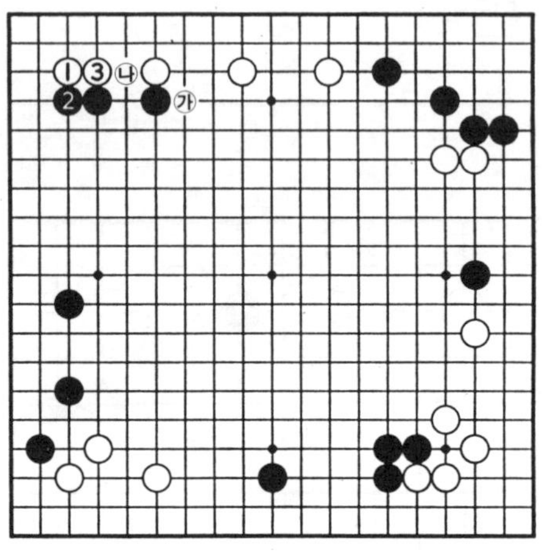

1도

해답 3·3에 들어감

1도 (정해) 붙임에 대하여 백은 3·3에 침입하는 수가 있다. 흑2에는 백3의 실리. 다음 ㉮로 받으면 흑㉯로 모양이다.

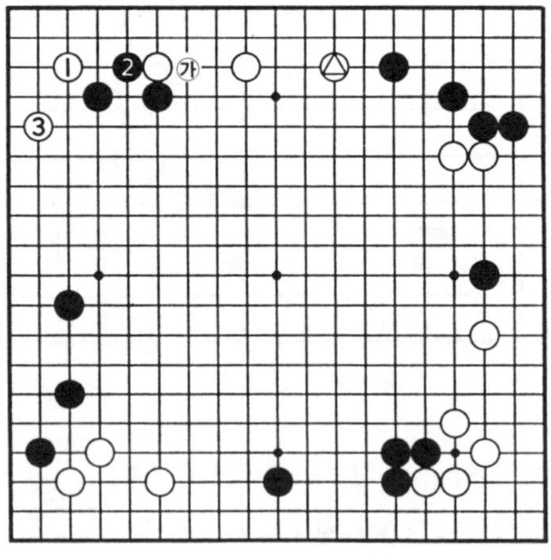

2도

2도 (참고) 백1에 흑2의 지킴은 백3의 날일자가 있다. 상변은 백△표 2칸이 전국적이다. 백㉮로 상변의 흑을 공격함을 생각한다.

제68문—결실

흑선

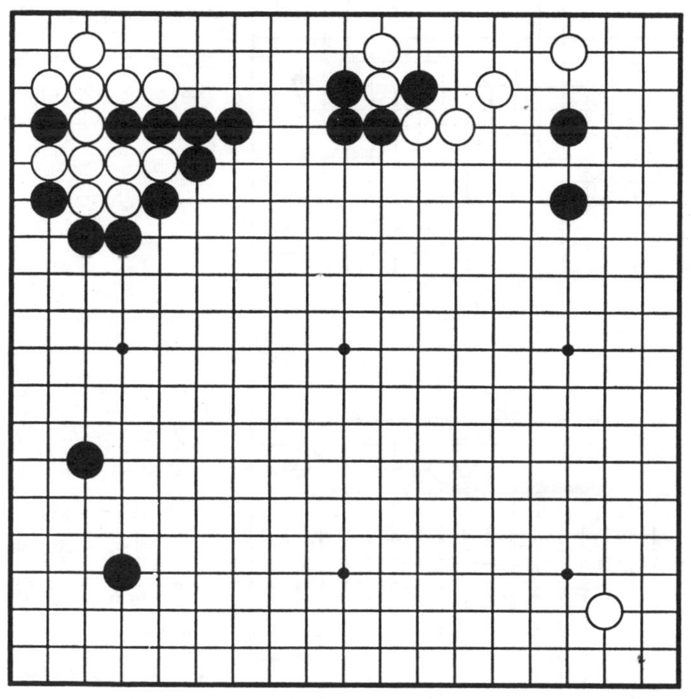

2점국이다. 좌상의 끊음은 어떨까?

우상의 흑 2점이 공격당하기 쉽다. 이 점을 염두에 두자.

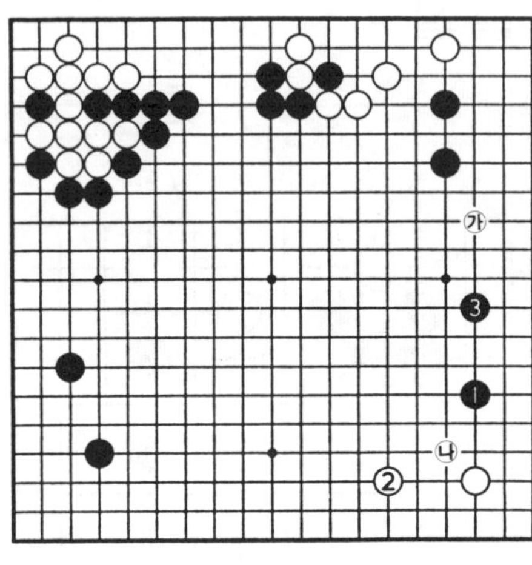

1도

해답 공격을 완화

1도 (정해) 흑 1, 3으로 둔다. 백이 ㉮의 곳을 침공함을 완화시킨다. 백2로는 흑㉯로 두어도 충분하다.

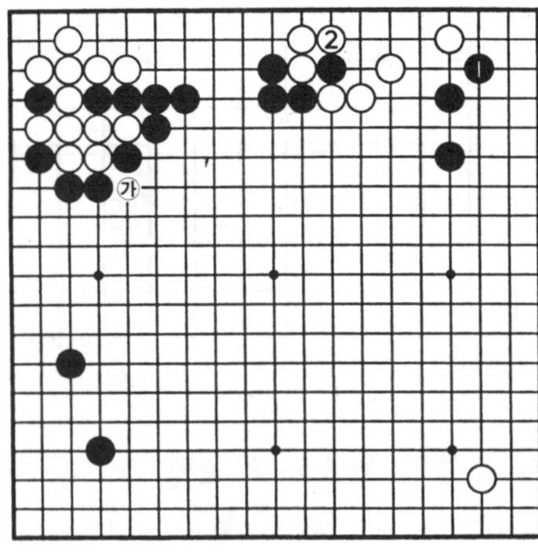

2도

2도 (참고) 흑 1의 마늘모엔 백 2의 단수가 있다. 이 진행은 다음 백 ㉮의 끊음이 위협적이다. 다음 흑 3으로는 ㉮의 이음이 있다.

제69문—알기쉬운 흐름

흑선

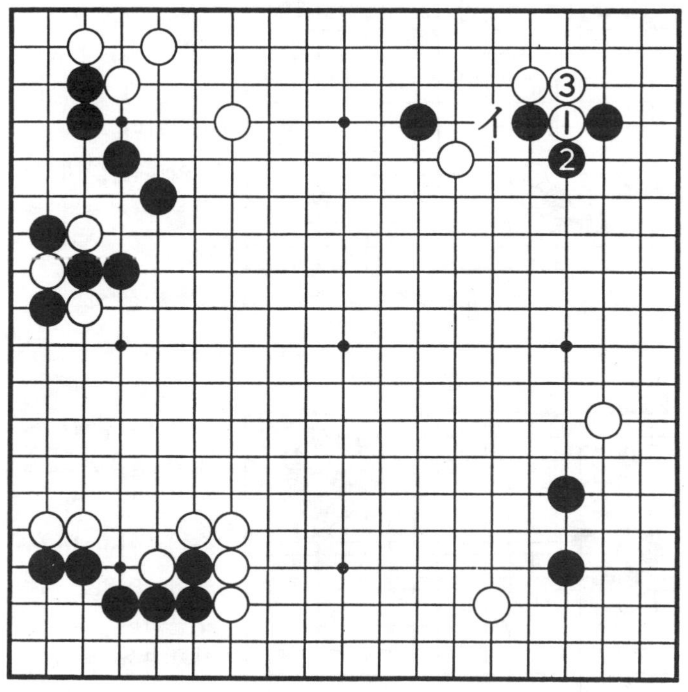

좌상 백 1, 3으로 끼워 이었다.

흑의 다음 수는 어느 곳일까? ㉮로 두는 것은 정석인데?

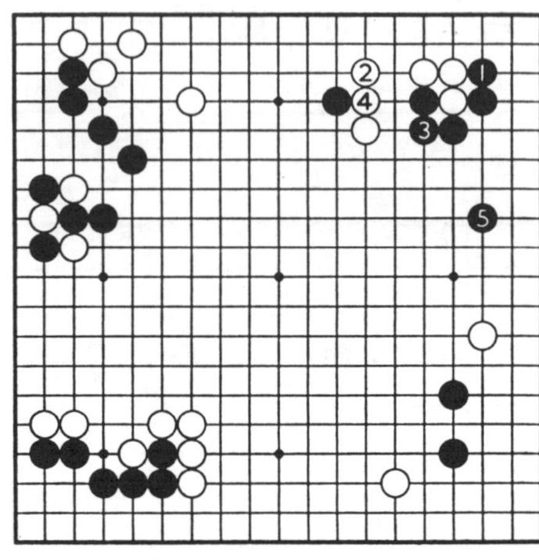

1 도

해답 귀의 내려섬

1 도 (정해) 흑 **1** 로 내려서는 수가 알기 쉬운 수단이다.

백 **2** 는 맥점이다. 이하 흑 **5** 까지 변화이다.

이것은 상대의 주문을 거역한 수다.

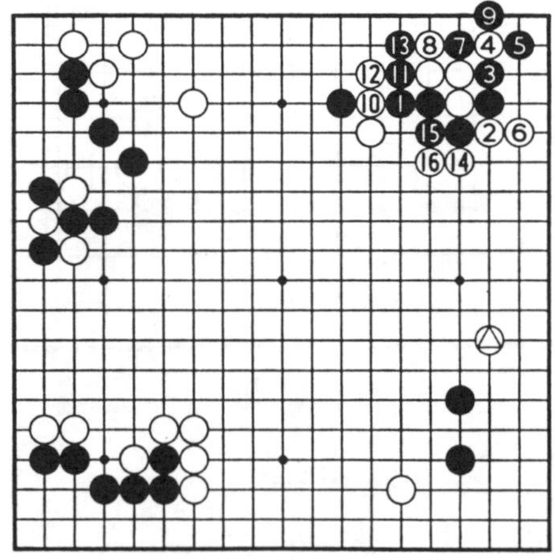

2 도

2 도 (참고) 흑 **1** 의 뻗음은 부분적으로는 최강의 수다. 이하 **16**까지 된다. 이것은 백의 주문이다. 바둑은 부분적인 수보다는 전국적인 수를 두어야 한다.

제70문—간접적

흑선

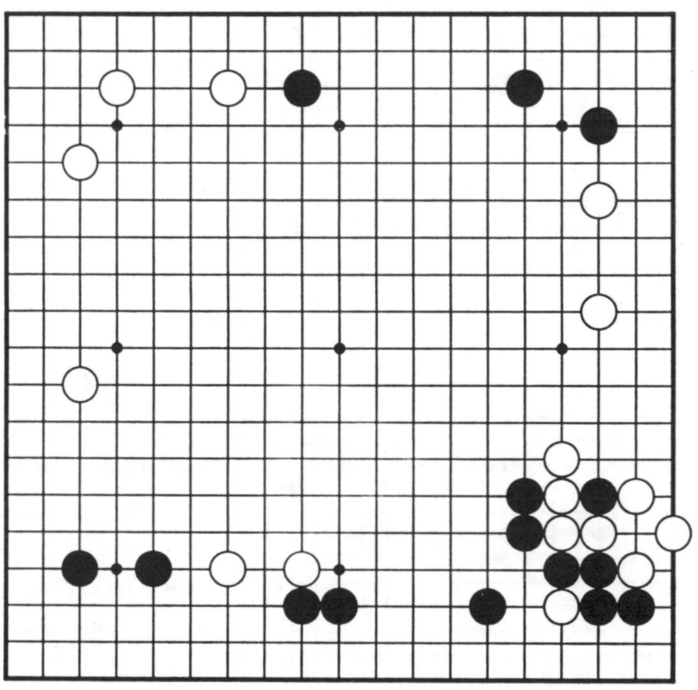

대체적으로 배석이 골격을 이루고 있다. 흑은 하변의 백을 공격하여야 할 곳인데 공격의 급소는?

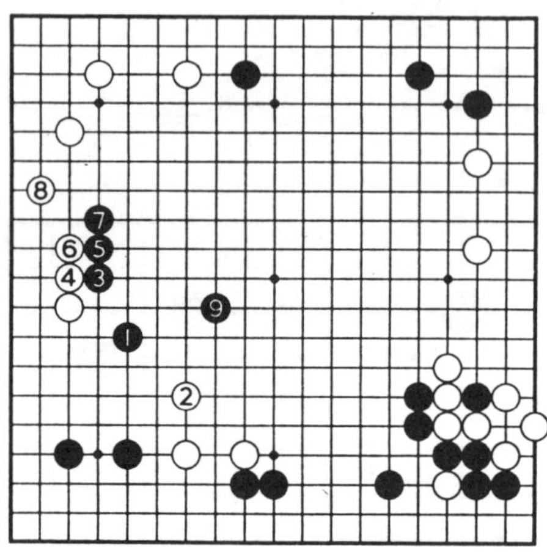

1 도

해답 대공방

1 도 (정해) 흑 1 로 두는 것이 대모양의 공방. 이 수 다음 3 의 싸움에는 9 까지가 있다.

중앙을 제패하며 공격한다.

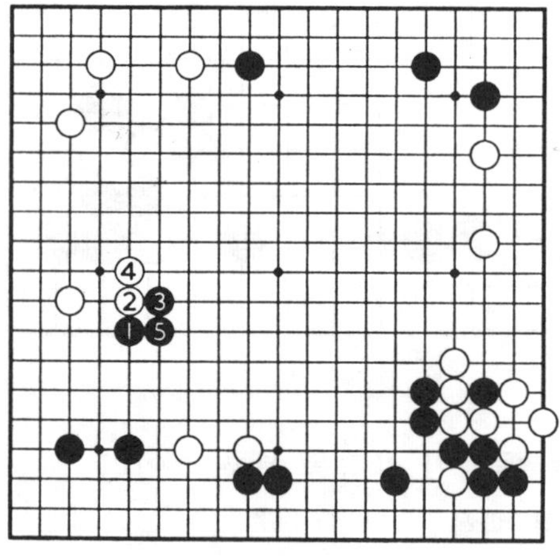

2 도

2 도 (참고) 흑 1 에 대하여 백 2, 4 의 저항이 있다. 흑이 3, 5 로 두면 하변의 백이 엷어진다. 이것은 흑이 충분하다.

제71문—신형(新型)

흑선

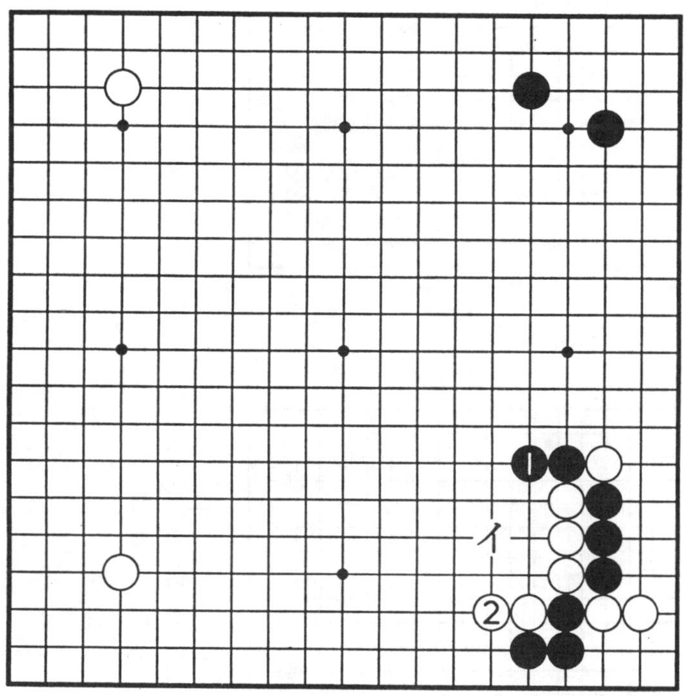

흑 1 의 뻗음에 대하여 백 2 는 신형이다.
이것은 ㉮가 보통의 모양이다.
백 2 에 흑이 두는 수는?

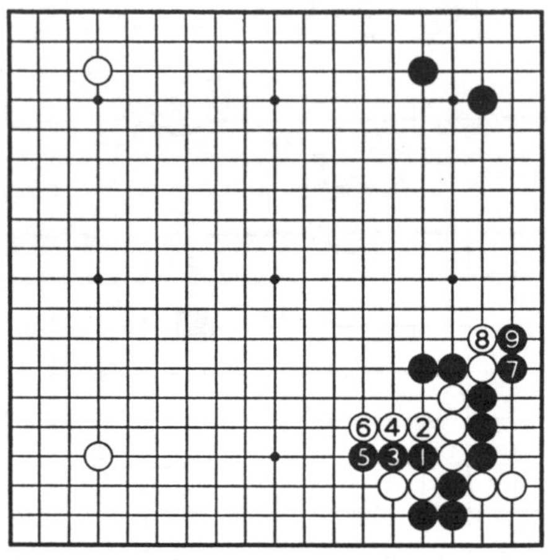

1도

해답 강력한 끊음

1도 (정해) 흑1의 끊음이다. 다음 백2에서 6까지 된 다음 흑은 7이하 젖혀 나간다.

흑이 좋은 모양이다.

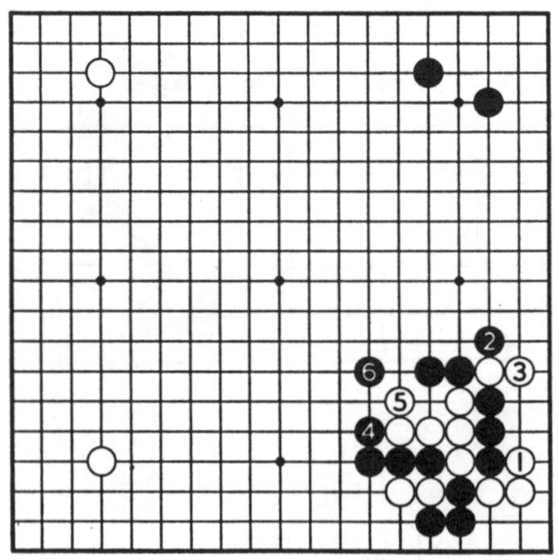

2도

2도 (참고) 1도의 백6으로 2도의 백1로 두는 것은 흑 3점을 잡는다. 흑은 2의 단수 다음에 4, 6의 장문으로 충분하다.

흑 우세이다.

제72문—좌변을 두는 방법

흑선

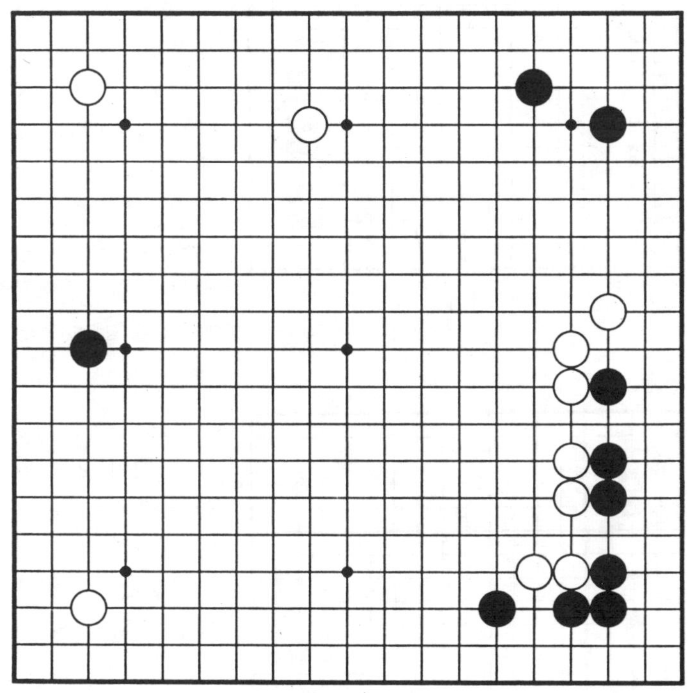

좌변을 두면 어느 곳일까?
흑은 어떻게 두어야 할까?

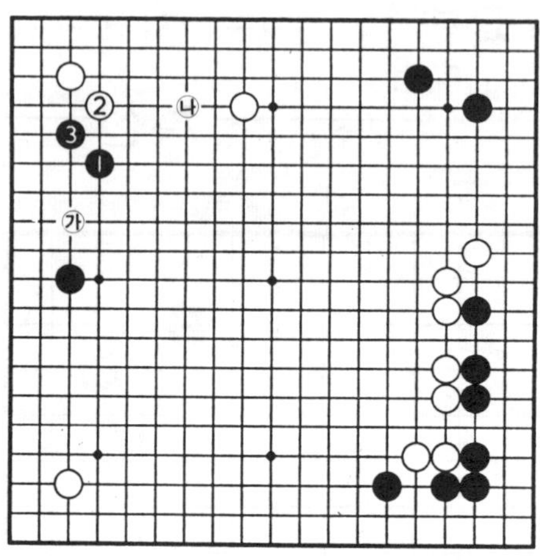

1 도

해답 상용의 모양

1도 (정해) 흑 1로 높게 압박하여 둔다. 이것은 3·3의 돌에 대한 상용의 수이다.

백 2의 마늘모는 다음 ㉮의 곳 침입을 노리는 수이다. 백 2에 대하여 흑 3은 입체적인 일착. 반대로 ㉯의 침입을 노린다.

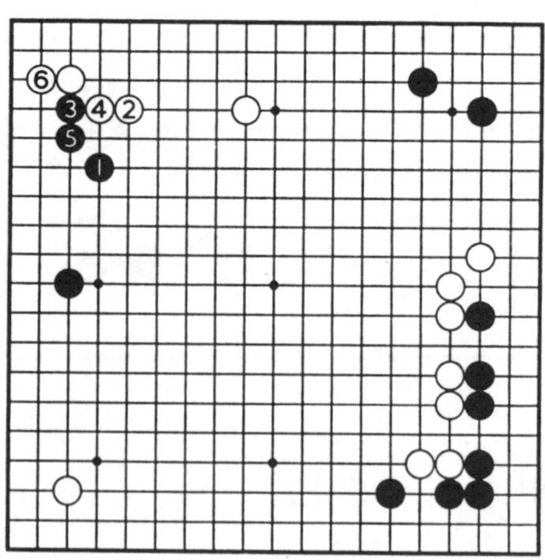

2 도

2도 (참고) 흑 1에 백이 2로 받음은 흑 3의 붙임이 있다.

이것은 3·3에 대한 방법이다.

제73문—공격

흑선

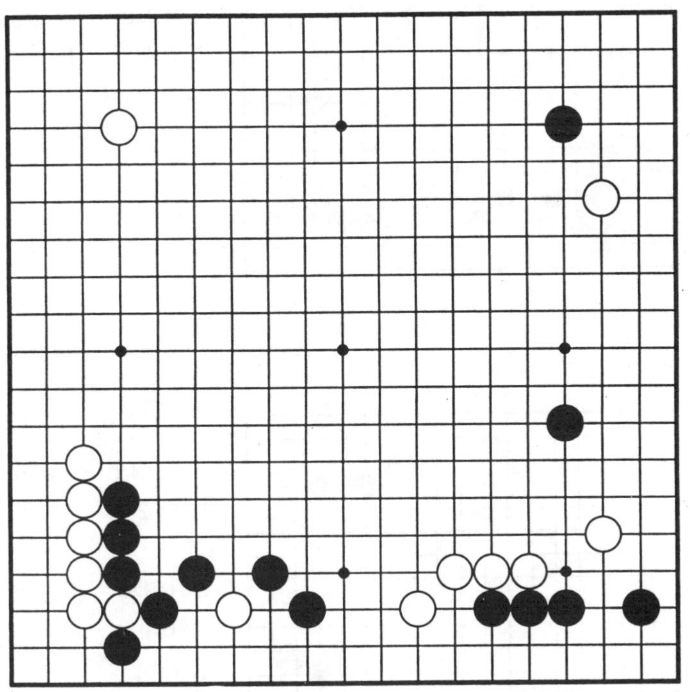

서반에는 약점을 공격하여 주도권을 잡는다.

흑이 공격을 하는 방법을 3수 정도를 생각해 보자.

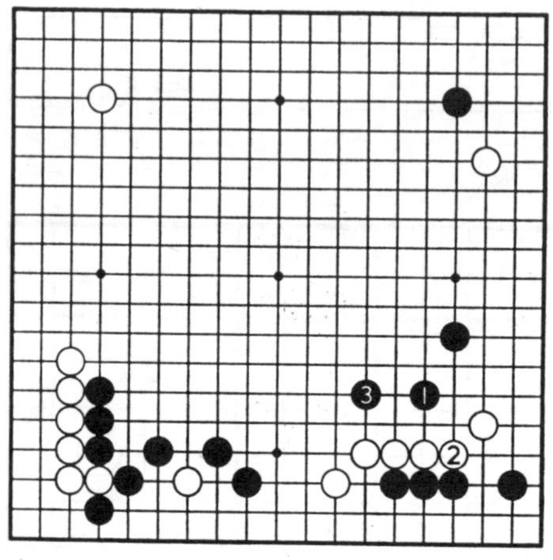

1도

해답 배후에서

1도 (정해) 흑 1로 끊는 맥을 노린다. 그러면 백 2, 흑 3으로 배후를 압박한다. 당연히 국면을 리드한다.

백이 고전의 양상.

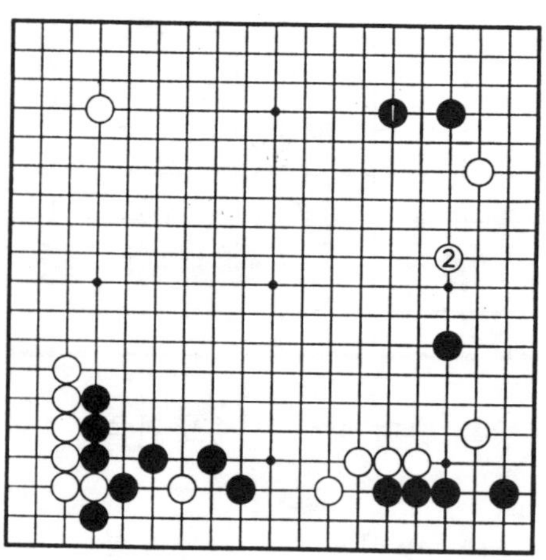

2도

2도 (참고) 흑 1로 상변을 굳히면 백 2가 달콤하다.

이것은 1도에 비하여 수순이 좋지 않다.

제74문—같은 모양

흑선

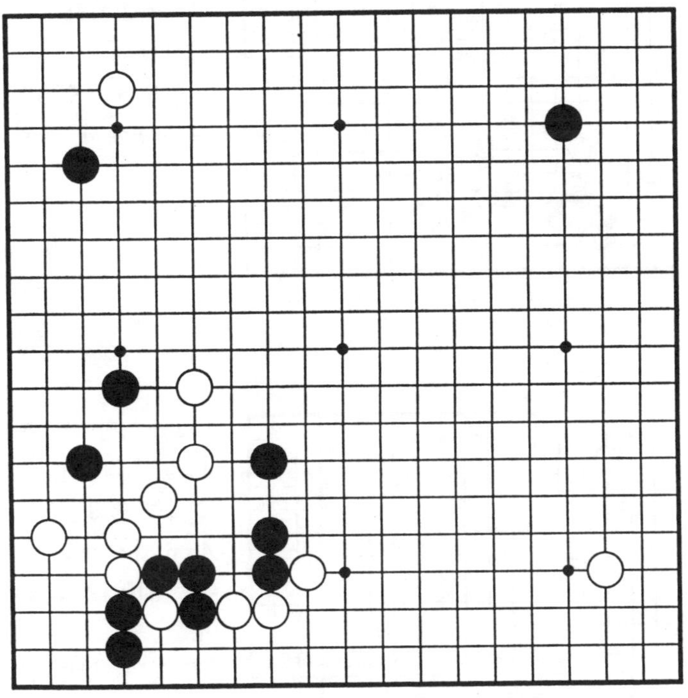

하변의 백을 공격하는 급소는 어디인가?
앞에 나온 문제들을 생각하여 보자.

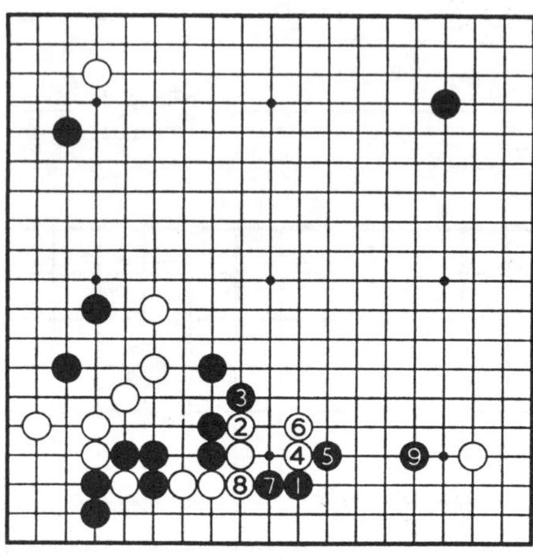

1 도

해답 낮게 둠

1도 (정해) 흑1로 낮게 두는 방법을 생각할 수 있다. 백2 이하 8까지 된다.

흑9의 걸침으로 하변에서 우위에 선다.

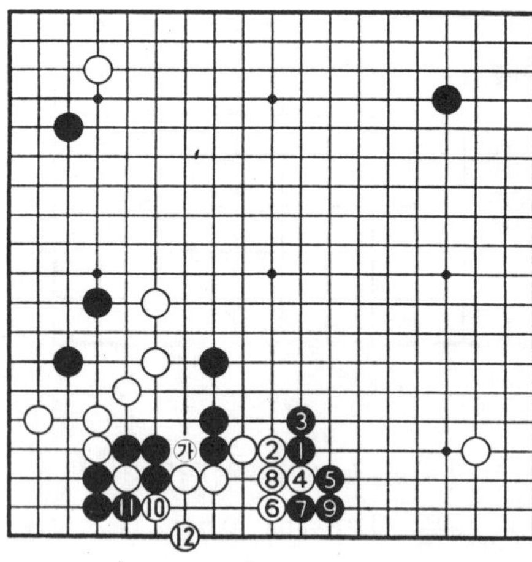

2 도

2도 (참고) 흑1도 급소이다. 백2에는 흑3에서 4, 6까지 모양이다. 백10, 12로 산다.

1도의 방법이 좋다.

제75문—끊음이 큰곳

흑선

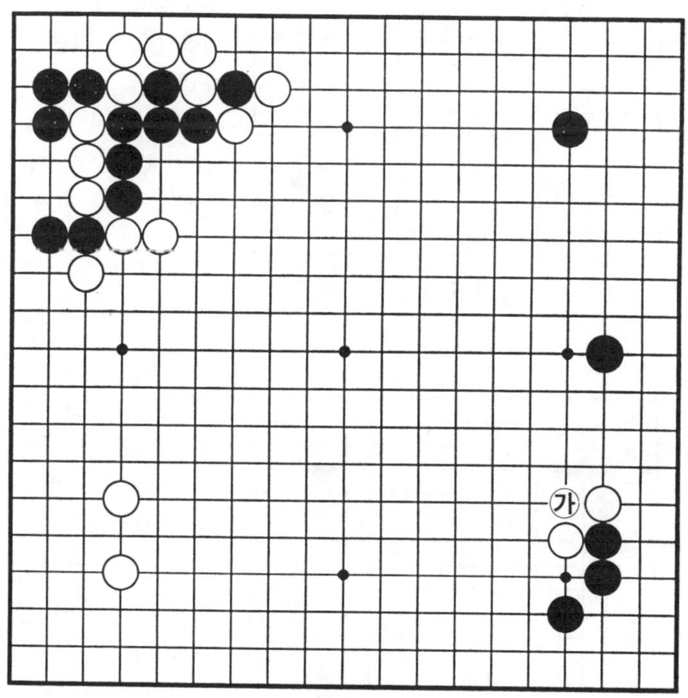

국면은 ㉮의 곳 끊음이 남아 있다.

다른 곳은 하변인데 어떻게 두어야 할까.

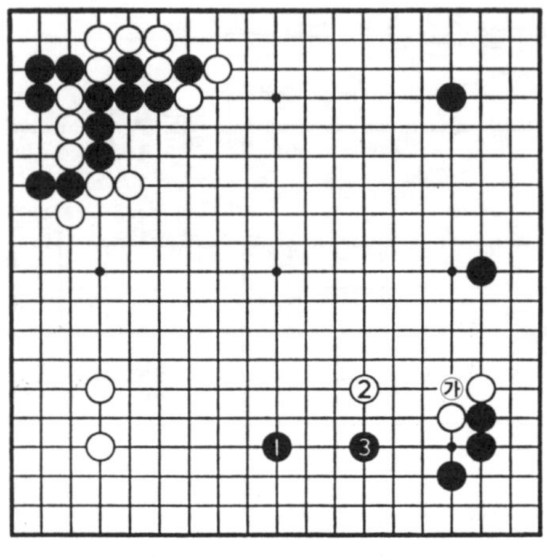

1도

해답 하변이 크다

1도 (정해) 흑 1의 점이 큰곳이다. 흑 1은 좌상의 백모양을 제한한다. 다음 ㉮의 끊음을 노린다.

백이 2의 곳을 두면 흑 3으로 받는다.

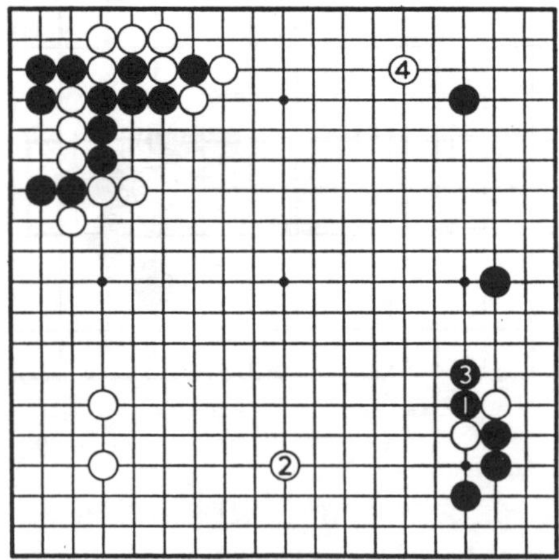

2도

2도 (참고) 흑 1의 끊음은 어떤가. 이것은 백이 2의 큰곳을 둔다. 흑 3으로 완전히 잡을 때에 4로 상변을 걸친다.

이것은 상변의 백모양이 크다.

제76문—배경

흑선

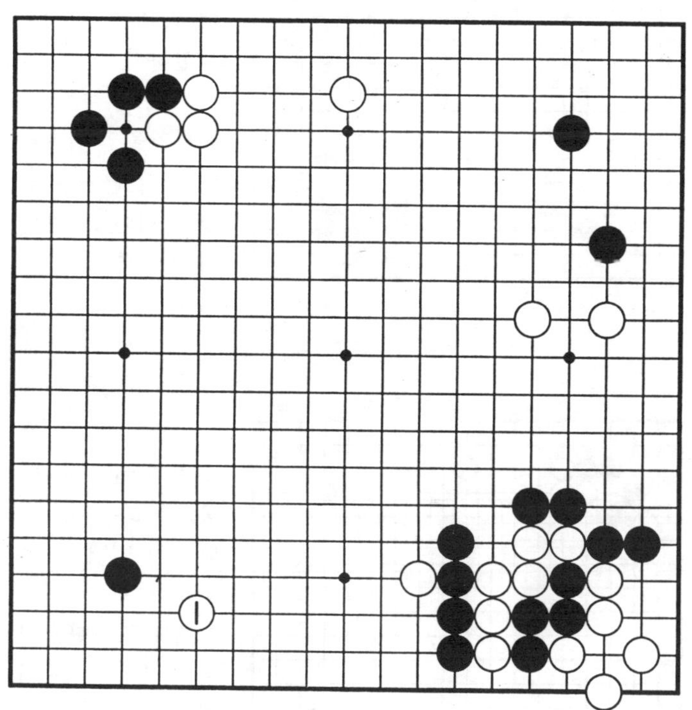

2 점국이다.

백 1 의 걸침에 대하여, 흑은 우하의 두터움이 있다. 어떻게 두어야 하나?

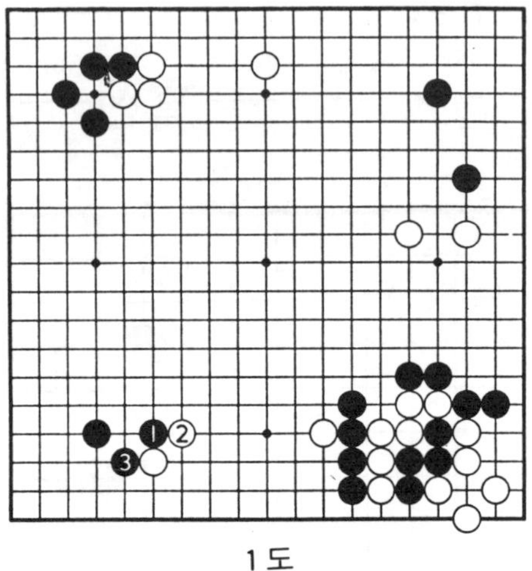

1 도

해답 붙여막음

1도 (정해) 흑 1로 붙이면 백 2, 흑 3의 내려섬. 붙여 막음의 정석이 적절하다.

이 수는 우하의 흑모양을 이용하여 백의 근거를 빼앗고 있다. 때에 따라 유력한 수단이다.

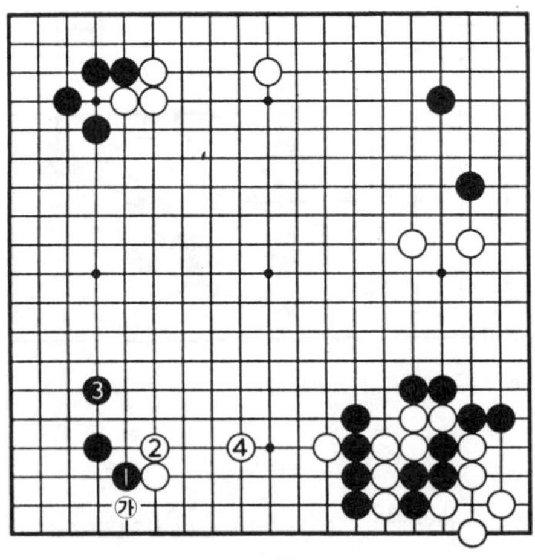

2 도

2도 (참고) 흑 1의 마늘모에 백 2, 흑 3의 한칸에 백 4의 벌림은 불충분하다.

흑 1로 단순히 ㉮로 두는 수가 있다.

제77문—공격과 집

흑선

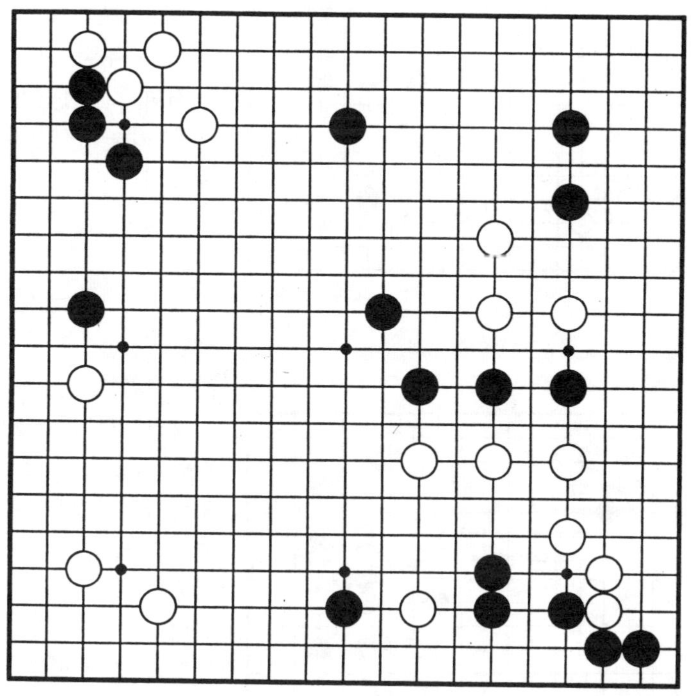

우변의 백 3점을 공격하여 우상에 집을 마련하는 방법이다.

3수 정도를 나타내보자.

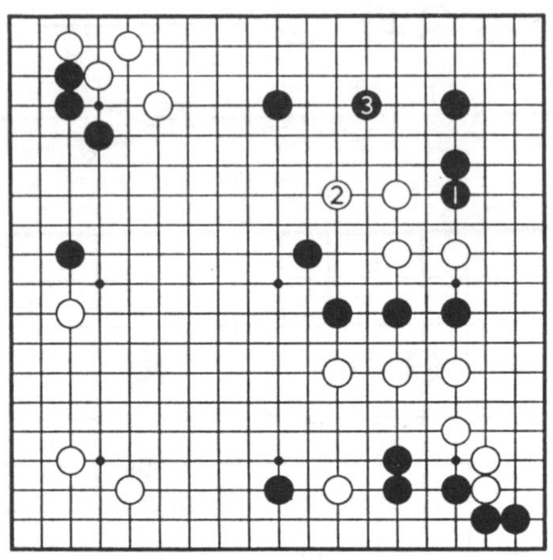

1 도

해답 급소의 뻗음

1 도 (정해) 흑 1 의 눈을 빼앗는 급소다.

백 2 에는 흑 3 으로 둔다. 백을 공격하여 상변의 집을 키울 수 있어 호조다.

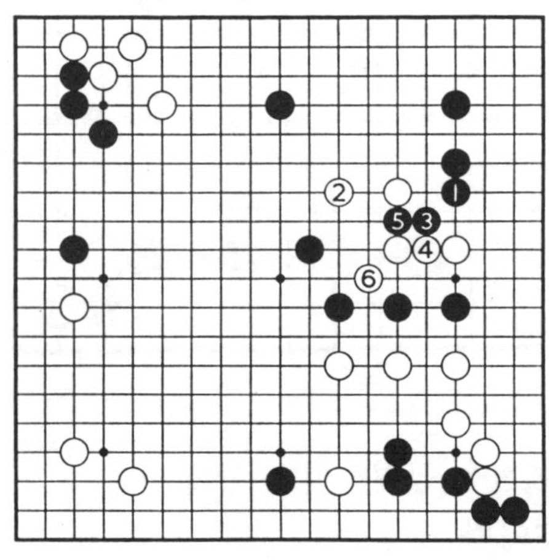

2 도

2 도 흑 1, 백 2 다음 흑 3 의 수는 어떨까. 이것은 백 4, 흑 5, 다음 백 6 이 멋진 맥점이다.

흑이 좋지 않다.

제78문—대치하는 곳

흑선

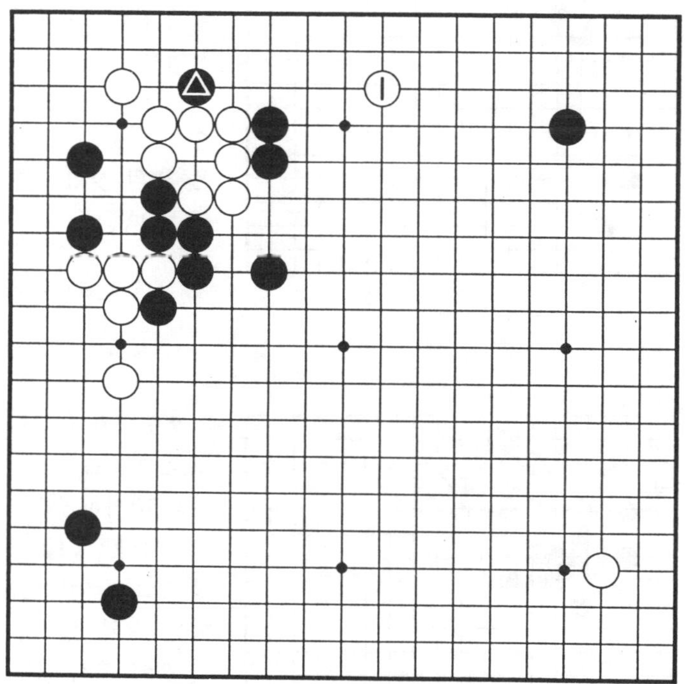

최근의 기전에서 나타난 1국이다.

국면을 백 1 로 두어 흑▲ 표의 도움을 저지하고 있다.

백의 두꺼운 벽을 어떻게 하여야 하나.

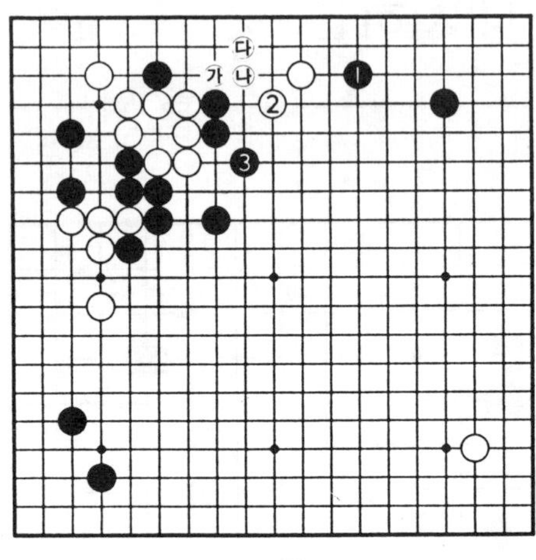

1도

해답 가볍게 보다

1도 (정해) 흑 **1**로 우측을 두어 좌측 백 2 점을 가볍게 본다. 이것이 정해이다.

백 **2**가 급소. 흑 **3**으로 둔다. 백은 ㉮의 젖힘, 흑 ㉯는 백 ㉰.

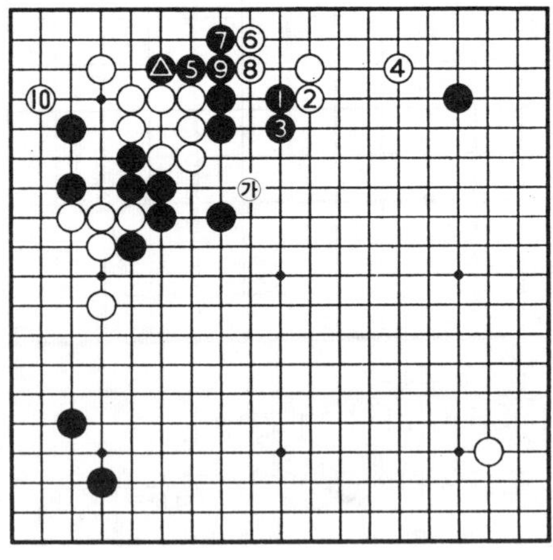

2도

2도 (참고) 흑 **1**로 좌측을 두면 이하 **10**까지 되는 모양이다. 흑 ▲표를 **5**로 끌어내면 다음 ㉮의 곳이 남아 흑이 좋지 않다.

제79문—자연의 흐름

흑선

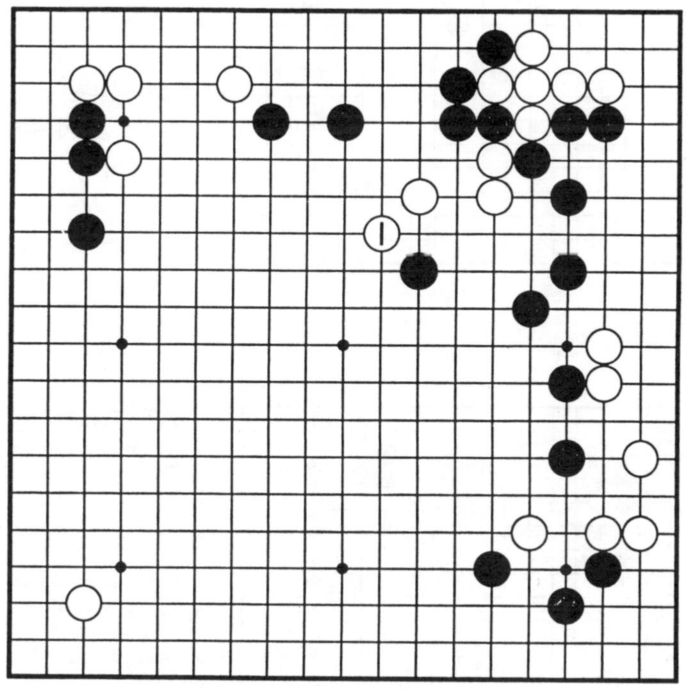

국면의 백 1 의 마늘모이다.

흑은 중앙을 공격하여 두든가 하변의 큰 곳을 선점하든가 하는 곳이다.

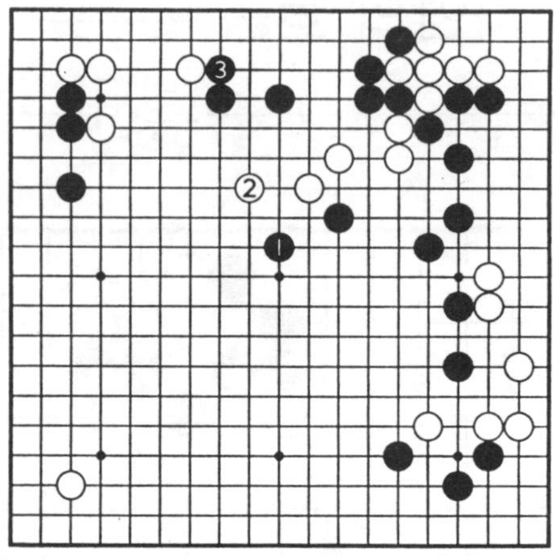

1 도

해답 중앙을 제패

1 도 (정해) 흑 1 로 중앙을 날일자 하는 것이 공격을 겸비한 수. 백 2 에는 흑 3 의 내려섬이 있다.

이것은 자연적인 흐름이다.

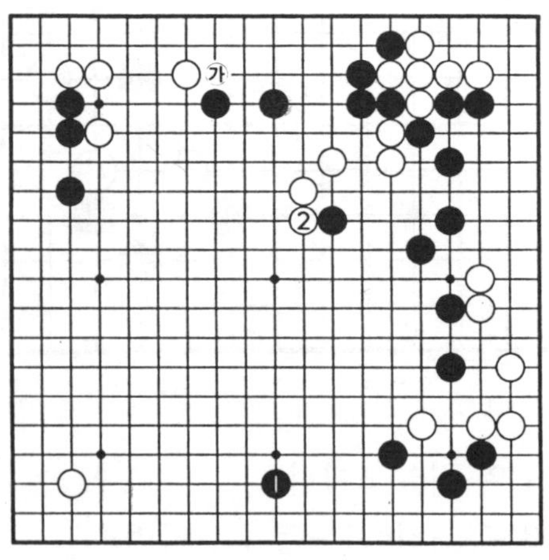

2 도

2 도 (참고) 흑 1 은 백 2 로 중앙을 누른다. 상변의 ㉮는 급한 곳이다. 1 도와 2 도를 보면 큰곳과 급한 곳이 잘 나타나 있음을 본다.

제80문—모양대책

흑선

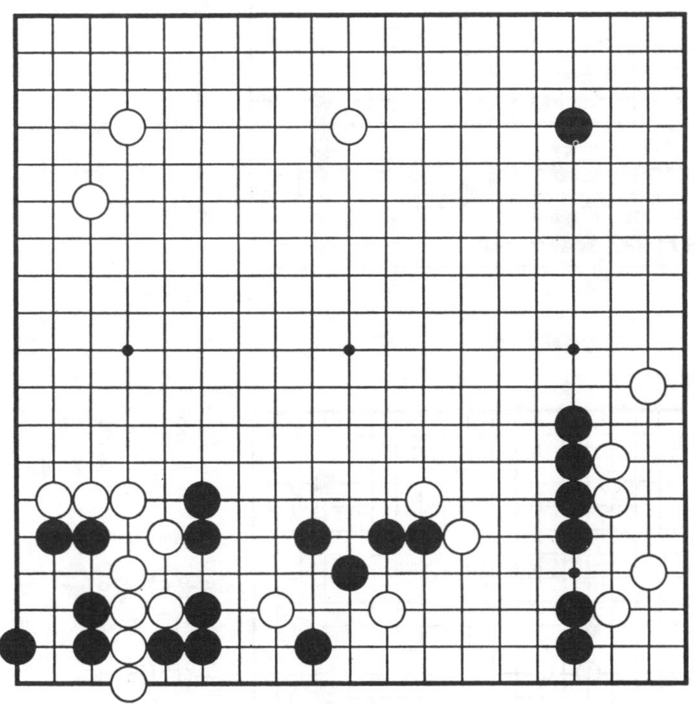

하변에 흑의 큰 모양이 있다.

백이 중앙에 대모양을 확장하려는 수는 어느 곳일까?

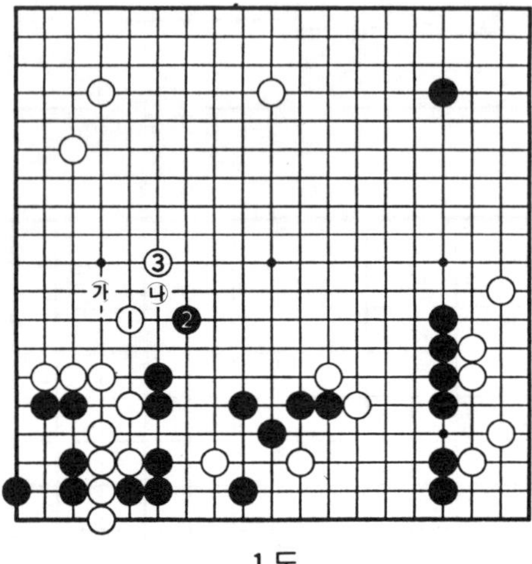

1도

해답 날일자

1도 (정해) 백1의 날일자로 둔다. 흑2로 중앙을 두면 역시 흑3으로 날일자를 한다.

백1로 ㉮는 ㉯의 곳을 응수시켜 불만이다.

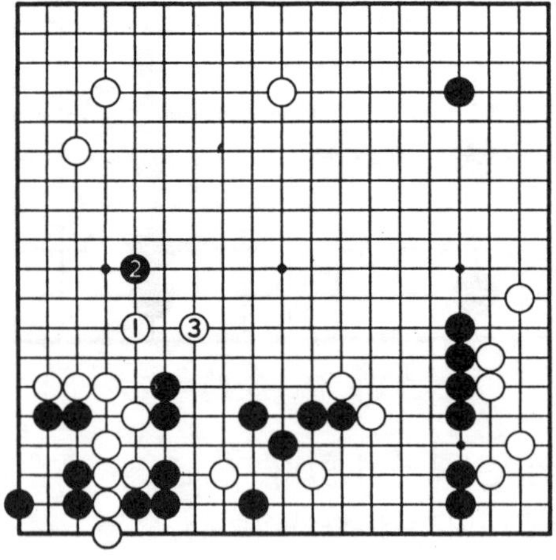

2도

2도 (참고) 백1에는 흑2에서 백3까지.

이것은 좌변에 싸움이 일어날 징조다. 흑이 나쁜 모양이다.

제81문—정석모양의 변화

흑선

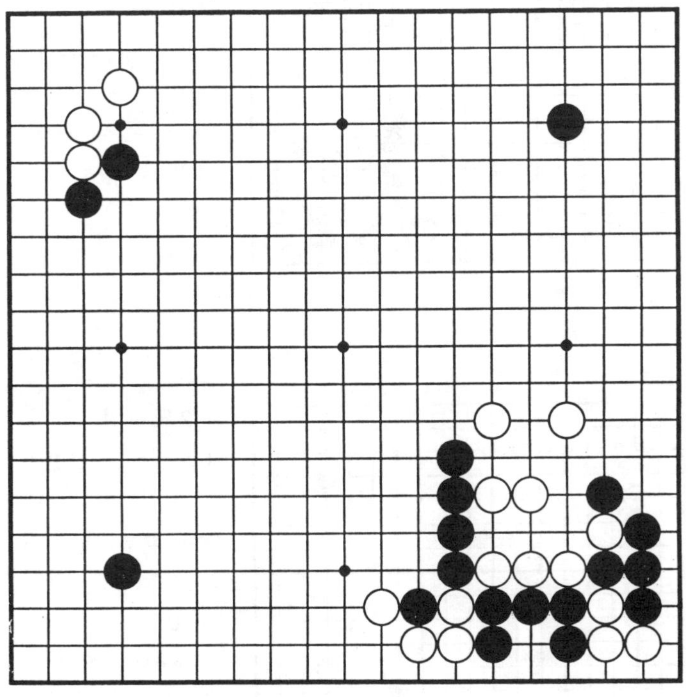

우하는 정석의 파생형이다.

흑은 다음에 어떻게 두어야 할까?

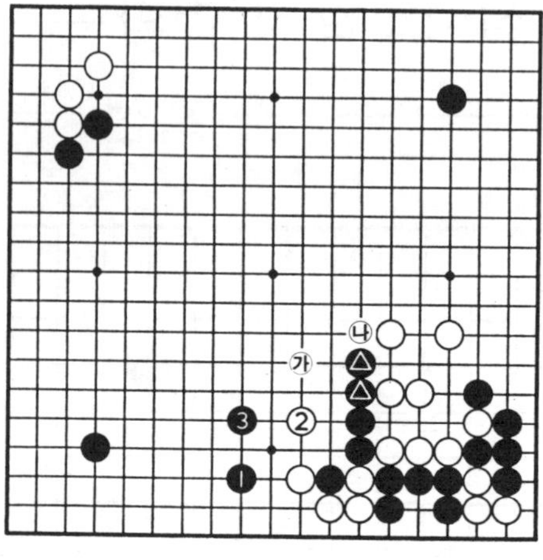

1도

해답 가득 벌림

1도 (정해) 흑△표를 원군으로 하여 당연히 흑 1까지 가득 벌린다.

백 2에는 흑 3의 뜀이 있다. 다음 백㉮는 흑㉯로 싸워 좋다.

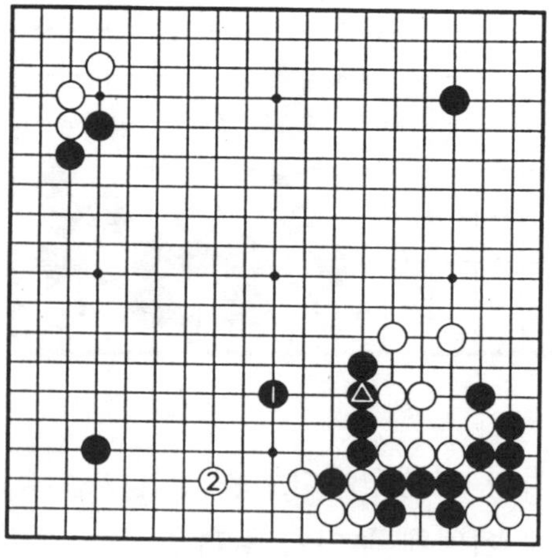

2도

2도 (참고) 흑 1로 두는 것이 좋은 수이다. 그러나 흑△표를 염두에 둔 1도와는 차이가 있다.

너무나 안전책이 실패이다.

제82문—돌소리가 나지않는 곳

흑선

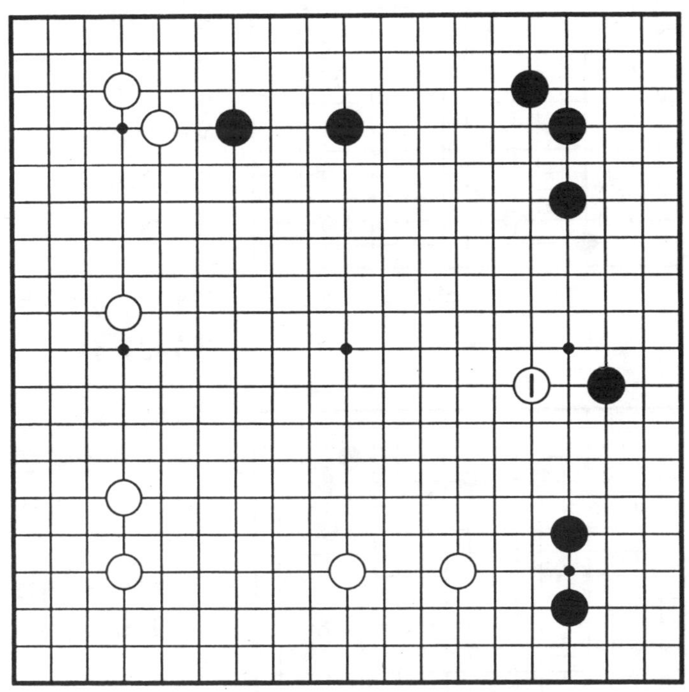

백 1 로 모자 씌우는 수가 있다.

이곳을 손뺀다면 어느 곳을 두어야 할까? 백 모양에 대한 침략은?

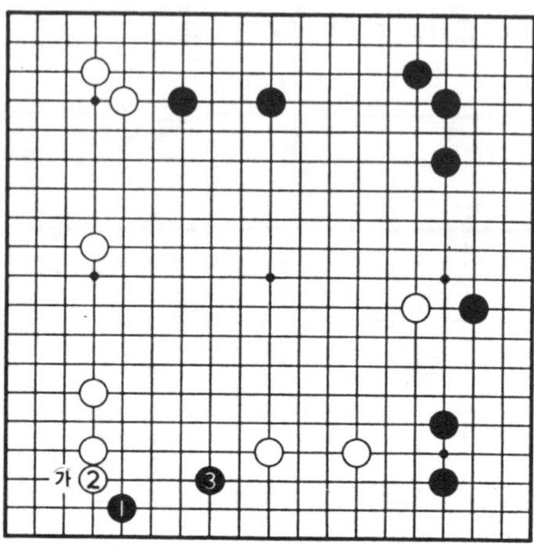

1도

해답 걸침

1도 (정해) 좌하 화점에 대하여 흑1이 절호점이다. 이곳을 손빼면 다음 3·3의 ㉮의 곳을 둔다. 백2로 지키면 3의 곳을 둔다. 이것은 상용의 맥이다.

흑1로 2는 수단이 단조롭다.

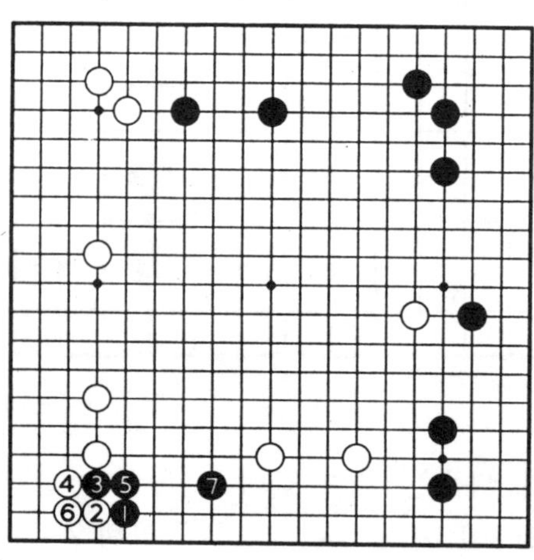

2도

2도 (참고) 흑1에 백이 2로 붙이면 3의 끼움이 맥이다.

이후 흑7까지는 외길의 진행이다.

제83문―경쾌한 행마

백선

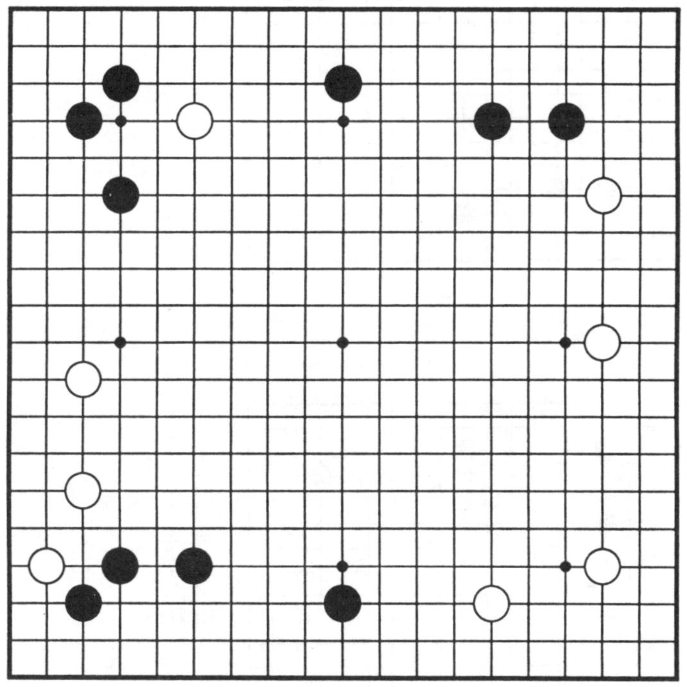

2 점국이다.

좌상의 백돌이 가볍게 움직여야 할 것 같은데 수단의 여지는?

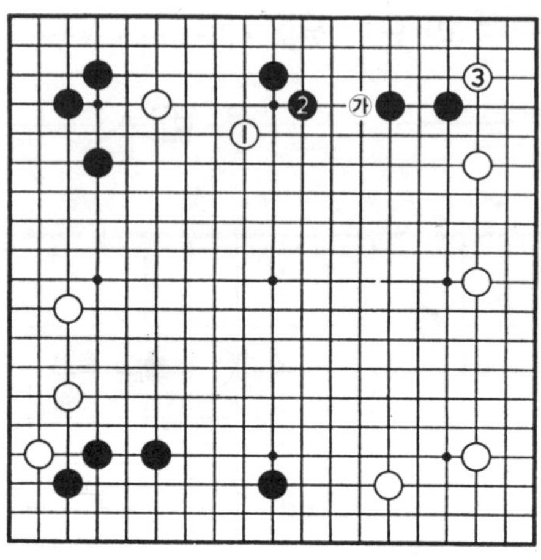

1도

해답 씨움과 3·3

1도 (정해) 백 **1**의 눈목자가 경쾌한 수이다. 다음에 ㉮의 붙임을 노린다.

흑**2**의 마늘모에는 백은 3·3으로 침입하여 들어간다.

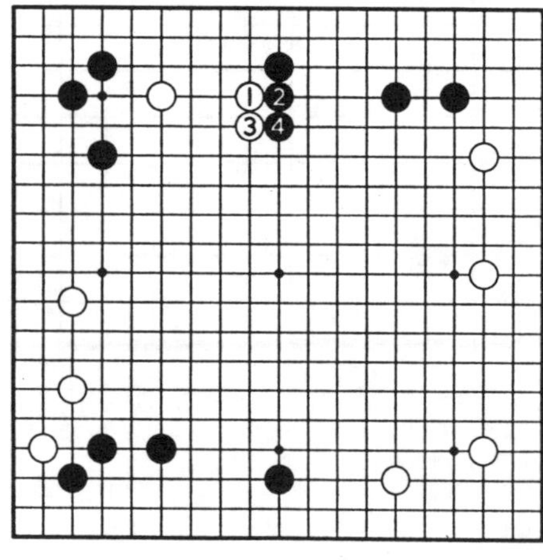

2도

2도 (참고) 백 **1**로 두는 것은 흑이 **2, 4**로 계속하여 부딪혀 나간다. 이것은 무거운 방법이다.

조화있는 타개 방법이 아니다.

第84문 — 결정

흑선

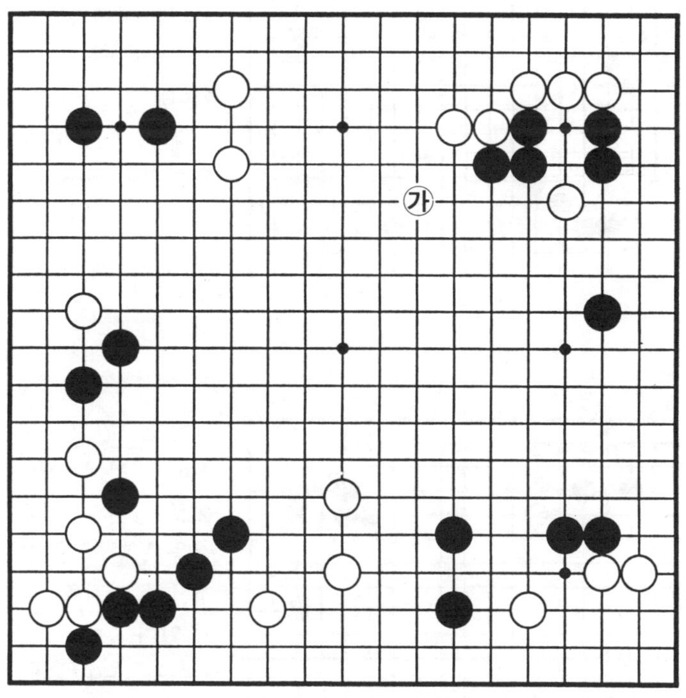

백에서 ㉮의 날일자가 절호점이다.
여기에는 무슨 수가 있을까?

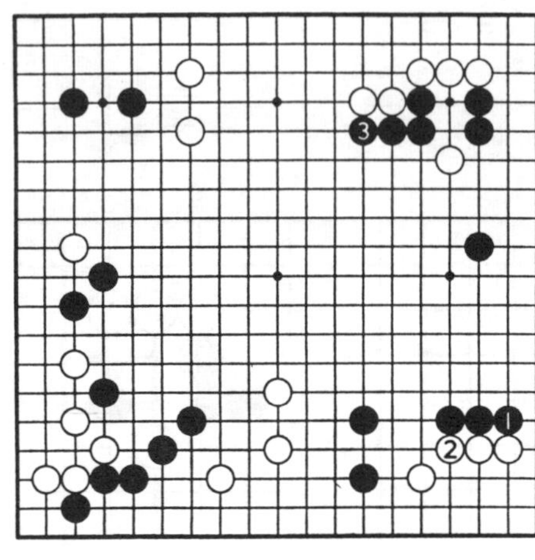

1도

해답 수순

1도 (정해) 우변을 지키는 흑1의 내려섬이 좋다. 이것은 흑1이 선수. (이것은 2도이다)

흑1, 백2 다음 흑3으로 누른다.

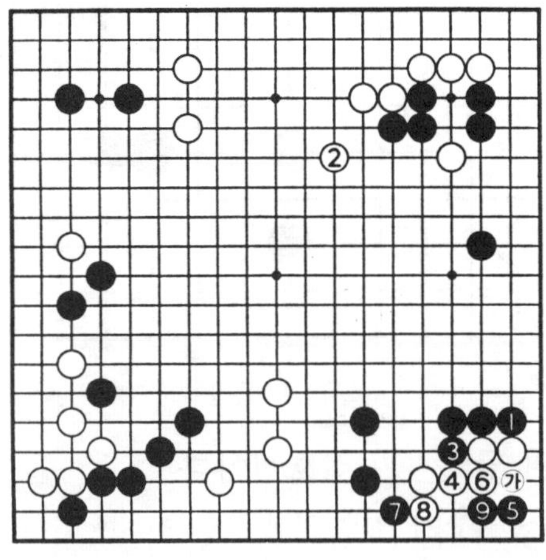

2도

2도 (참고) 흑1에 대하여 백이 2로 상변의 절호점을 두면 흑은 3에서 5까지의 맥이 있다.

이하 흑9까지 된다.

백2는 무모하다.

第85문—응수를 하는 곳

백선

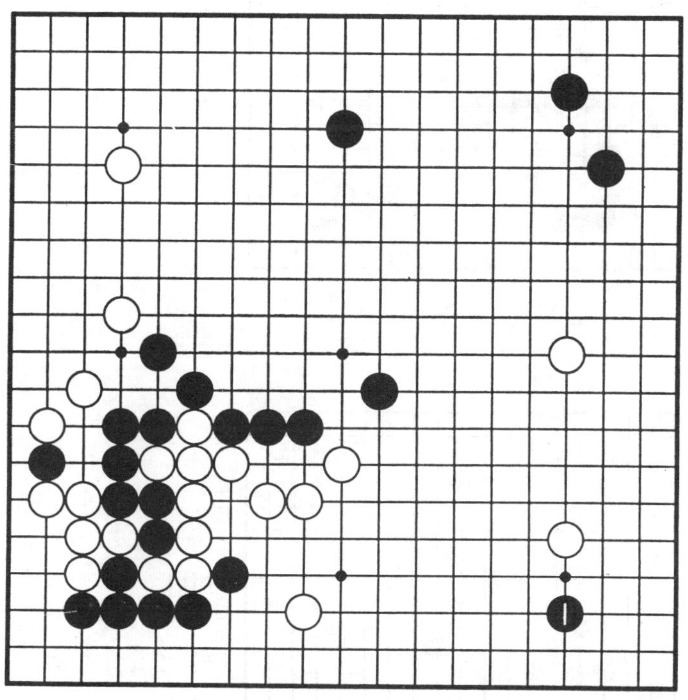

흑 1의 걸침에 대하여 두는 수는?
주위의 상황을 고려하여 생각하여 보자.

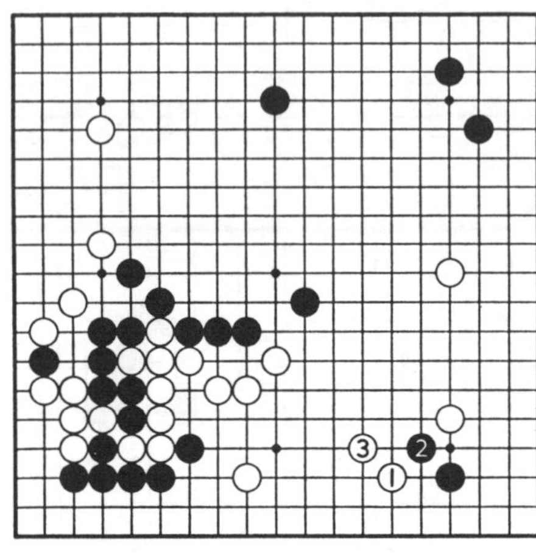

1 도

해답 하변의 협공

1 도 (정해) 이 배치는 어떤가 생각해 보자. 백 1 의 협공에는 흑 2 의 마늘모. 다음 백 3 의 올라섬이 좋다.

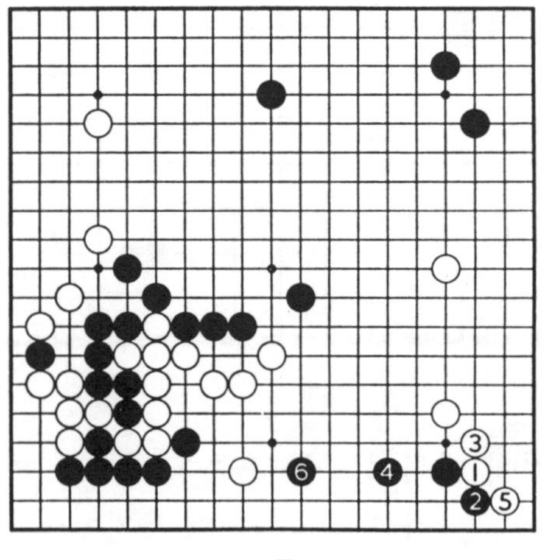

2 도

2 도 (참고) 정석은 백이 1, 3 다음 5 까지의 곳인데 흑 4 가 좋은 수이다.

백 5 에는 흑 6 의 2칸이 있다.

제86문—벌림과 막음

흑선

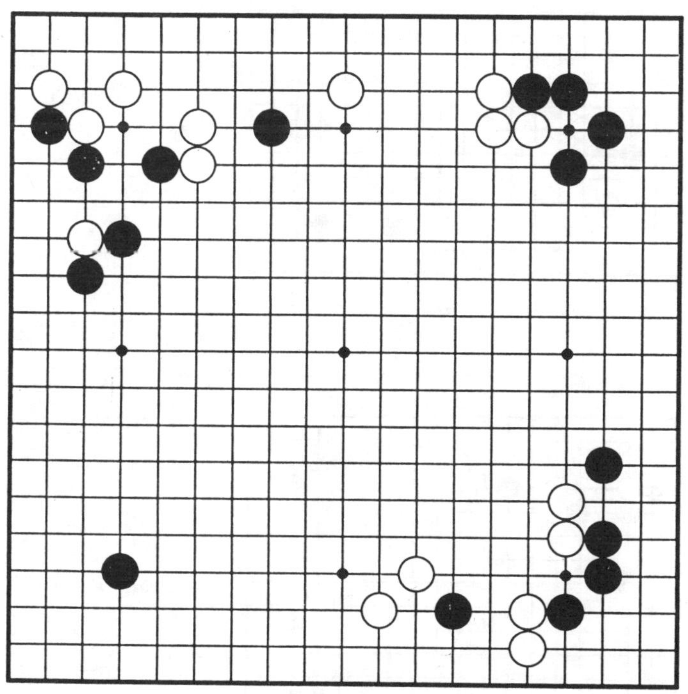

좀 어려운 곳이다.

어떻게 두어야 할까? 좌변이 커보인다.

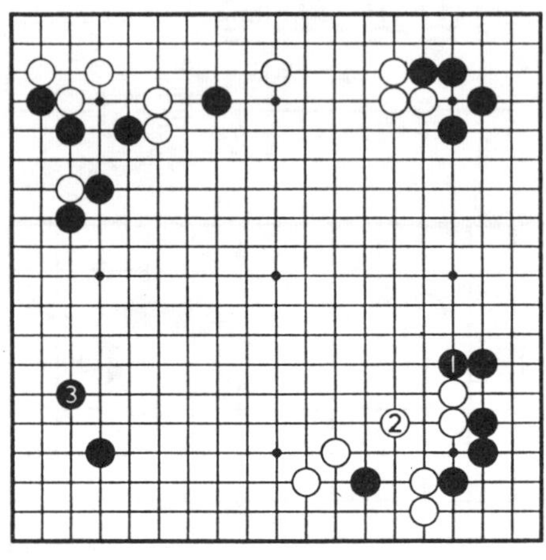

1도

해답 올라선 후 날일자

1도 (정해) 흑1의 올라섬. 이것이 모양이 크다.

백은 2로 지킨다. 흑은 3의 날일자가 좋은 수이다.

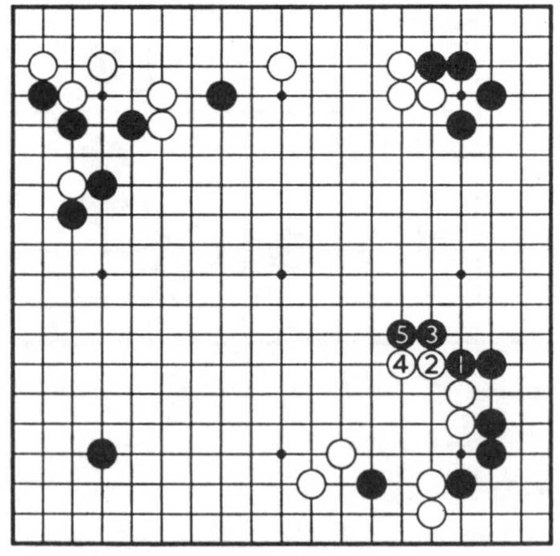

2도

2도 (참고) 흑1에 백2는 흑3으로 젖혀서 반발을 한다. 이 교환은 흑이 환영이다.

흑은 3, 5로 계속 누른다. 좌변 흑집이 크다.

백2, 4는 이적행위다.

제87문—촛점

백선

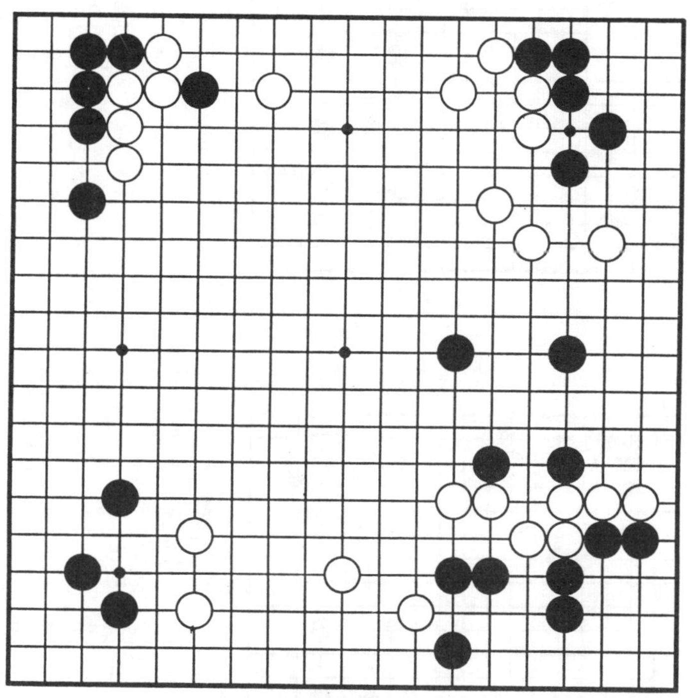

흑은 4 귀를 점유하고 있다.
상변의 백모양을 키우는 것이 관건이다.
상변의 백모양을 키우는 수는?

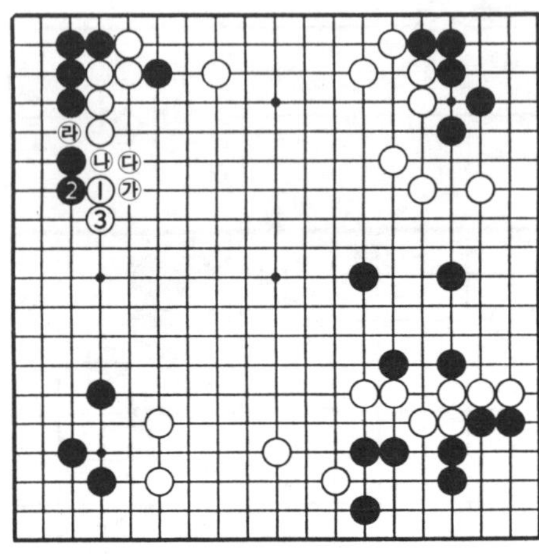

1도

해답 특수한 수법

1도 (정해) ㉮의 날일자가 좋은 수이다. 흑2에는 백3의 뻗음이 있다. 두터운 수이다.

흑2로 ㉯는 백㉰, 흑㉱, 백㉲까지 된다.

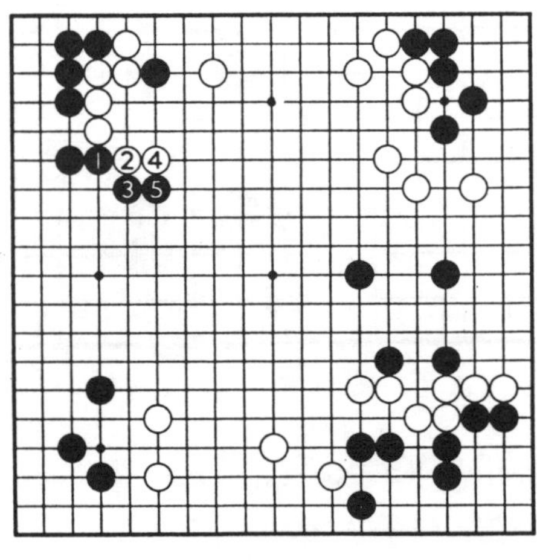

2도

2도 (참고) 1도의 백1를 방치하면 흑1의 누름이 쌍방의 중심점이다.

백2에는 3, 5로 호각이다.

제88문—맞보기

흑선

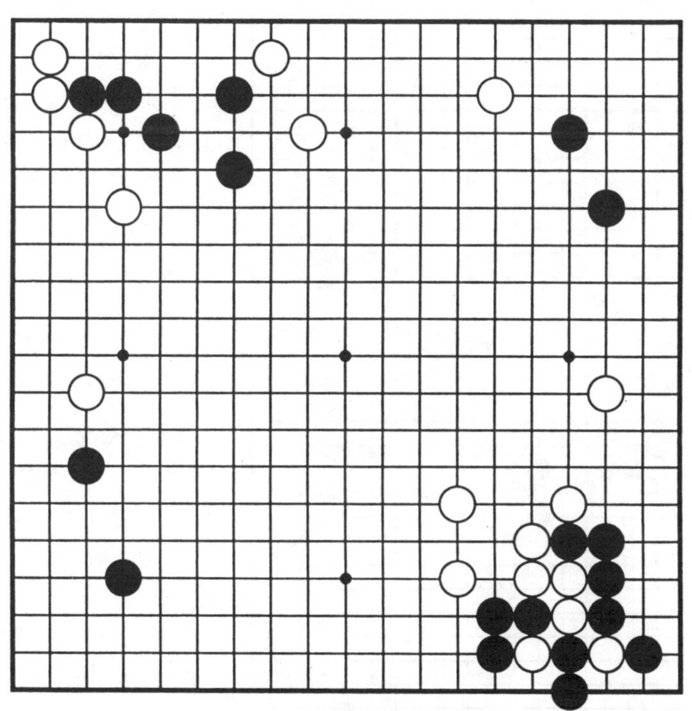

2점국이다.

흑의 엄한 타개의 수단은?

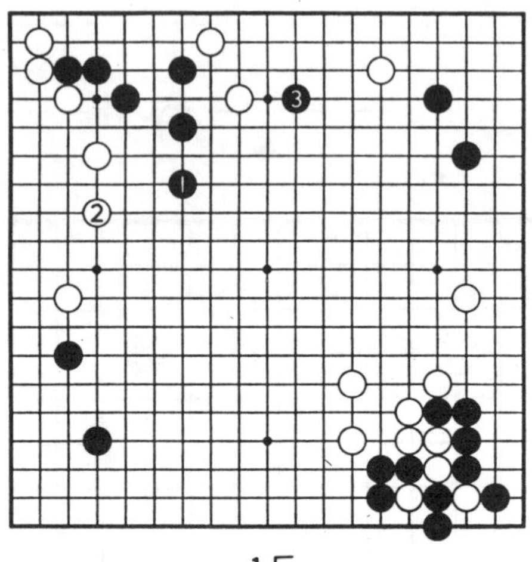

1 도

해답 한칸 뜀

1 도 (정해) 비상하고 무난한 타개의 방법은 흑 1 로 약한 돌을 보강하는 방법이다.

이것은 침입을 맛보는 수이다.

백 2 라면 흑 3 이다.

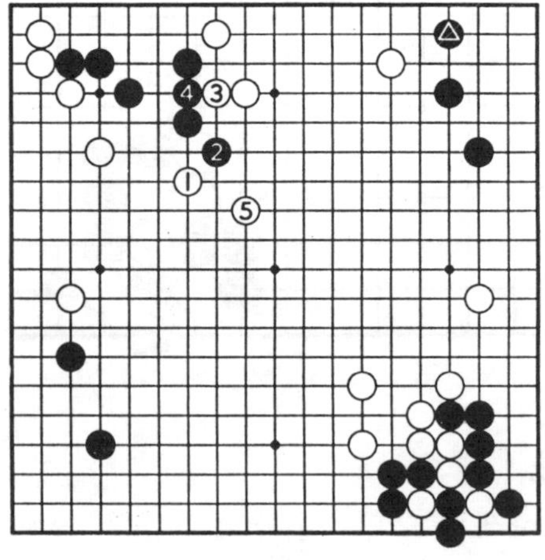

2 도

2 도 (참고) 흑이 ▲표로 집을 지키면 반대로 백 1 로 급소의 곳이다.

이로써 작전의 주도권은 백이 갖는다.

본도와 비교하여 1 도가 좋다.

제89문 — 엿봄

흑선

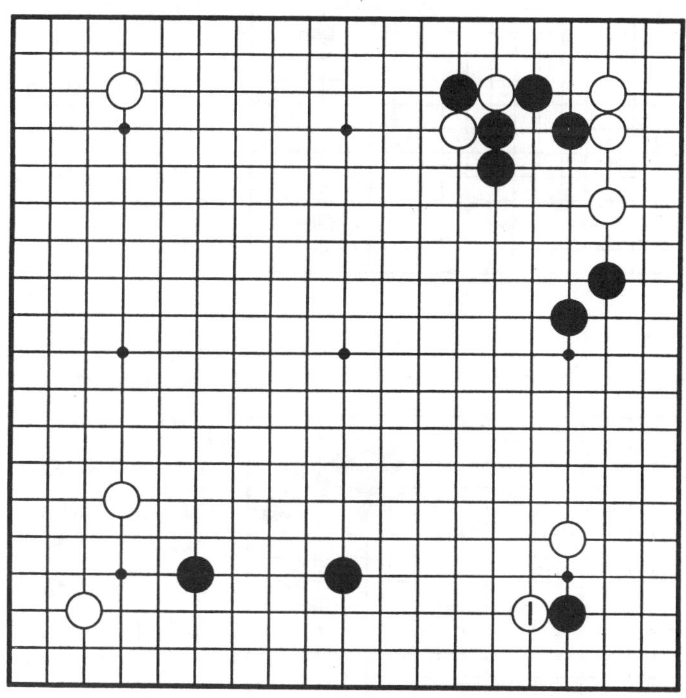

백이 1로 붙여왔다.
흑은 어떻게 두어야 할까?

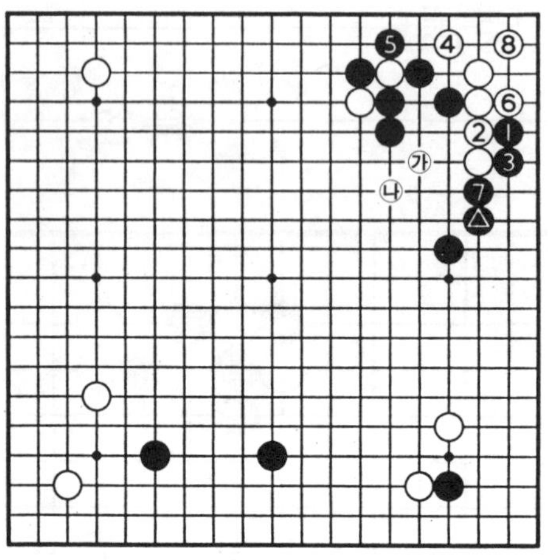

1도

해답 치중

1도 (정해) 좌상의 흑▲를 활용하는 흑1의 치중이 멋진 수이다.

백2에는 흑3, 이하 7까지 선수이다.

백4로 ㉮이면 흑㉯이다.

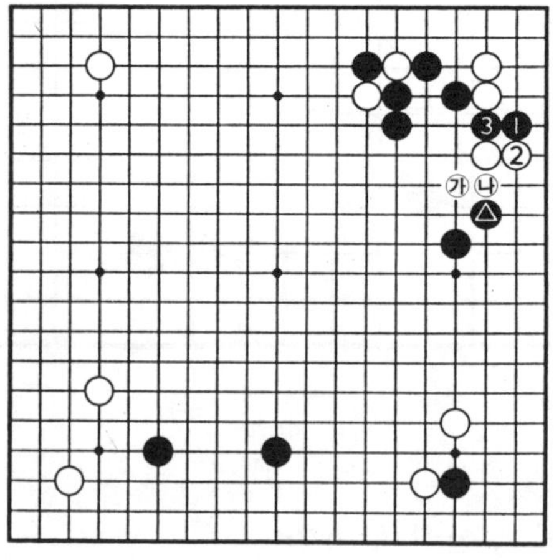

2도

2도 (참고) 흑1의 치중에 백2는 흑3이 있다.

흑1의 치중이 엄한 수로 흑▲표를 활용한다.

백㉮, ㉯가 보통이다.

흑1은 당연한 엿봄이다.

제90문—공격을 감행

백선

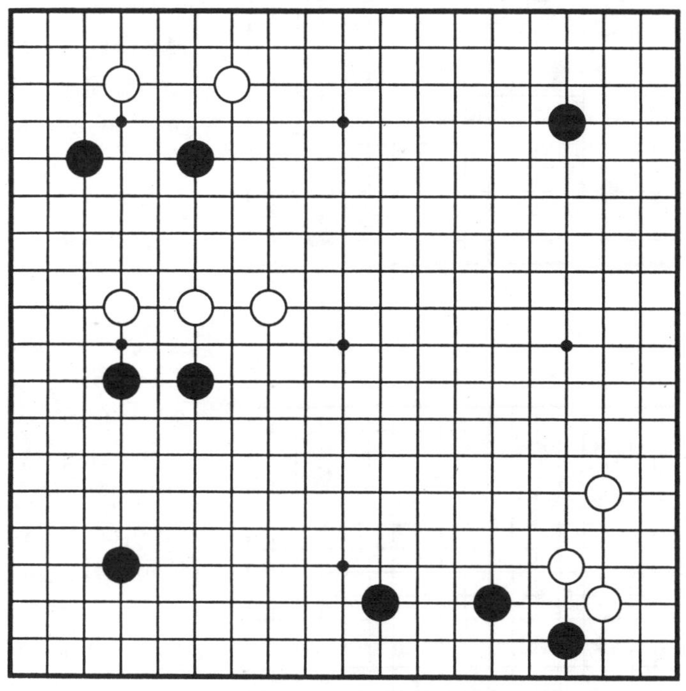

마지막이다.

좌상의 흑 2점에 대하여 공격을 감행한다.

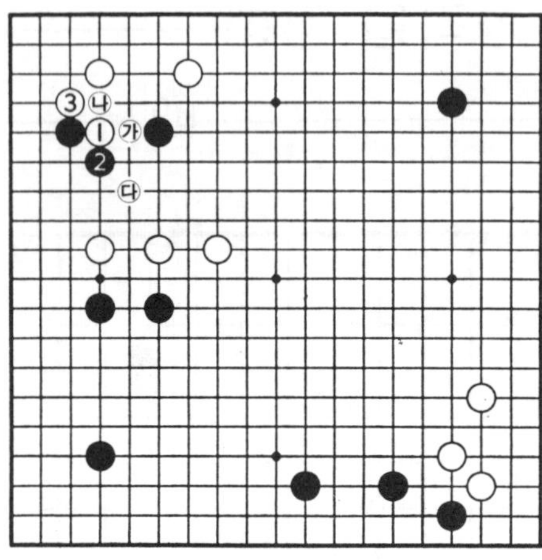

1도

해답 붙여 내려섬

1도 (정해) 백1로 붙인 다음 3으로 내려막음이 유력하다.

백3 다음 흑은 ㉮와 ㉯를 교환하고 ㉰의 곳을 둔다.

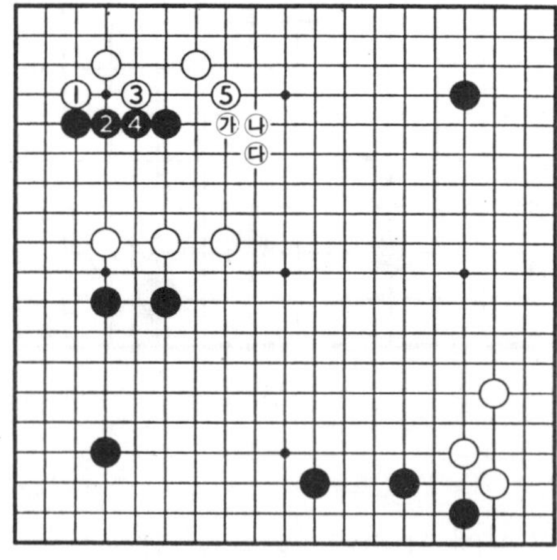

2도

2도 (참고) 백1의 마늘모는 3의 수까지를 생각할 수 있다. 흑4에는 백5가 모양이다.

중앙의 백이 약하여 좋지 않다.

흑㉮, 백㉯, 흑㉰로 급전이 벌어질 조짐이다.

2. 3수로 결판내는 포석비결

2013년 3월 15일 인쇄
2013년 3월 30일 펴냄

옮긴이/ 프로바둑연구회
펴낸이/ 최 상 일
펴낸곳/ 구.진화당(태을출판사)
서울특별시 중구 신당6동 52-107 (동아빌딩내)
등록/1973년 1월 10일(제4-10호)

*잘못된 책은 구입하신 곳에서 교환해 드립니다.

▪주문 및 연락처

우편번호 100-456
서울특별시 중구 신당6동 52-107 (동아빌딩 내)
전화 / 2237-5577 팩스 / 2233-6166

ISBN 89-493-0319-1 13690